山东青年政治学院2022年度学术专著出版基金资助

U0592654

YOUNG SCIENTIFIC AND
TECHNOLOGICAL
Talents

新时代背景下青年科技人才激励与评价体系研究

李浩然
张　杰◎著
王　箐

RESEARCH ON THE INCENTIVE AND
EVALUATION SYSTEM OF YOUNG SCIENTIFIC AND
TECHNOLOGICAL TALENTS IN THE NEW ERA

经济管理出版社
ECONOMY & MANAGEMENT PUBLISHING HOUSE

图书在版编目（CIP）数据

新时代背景下青年科技人才激励与评价体系研究 /李浩然，张杰，王箐著.—北京：经济管理出版社，2022.9

ISBN 978-7-5096-8748-2

Ⅰ.①新… Ⅱ.①李… ②张… ③王… Ⅲ.①青年—技术人才—激励—研究—中国 ②青年—技术人才—评价—研究—中国 Ⅳ.①G316

中国版本图书馆CIP数据核字（2022）第187543号

组稿编辑：张广花
责任编辑：张广花
责任印制：许 艳
责任校对：董杉珊

出版发行：经济管理出版社
　　　　　（北京市海淀区北蜂窝8号中雅大厦A座11层 100038）
网　　址：www.E-mp.com.cn
电　　话：（010）51915602
印　　刷：唐山玺诚印务有限公司
经　　销：新华书店
开　　本：720mm×1000mm/16
印　　张：13.75
字　　数：182千字
版　　次：2022年9月第1版　2022年9月第1次印刷
书　　号：978-7-5096-8748-2
定　　价：88.00元

前　言

　　青年科技人才是科技队伍的重要群体，是未来科技发展的重要支撑，我国要将青年科技人才队伍建设作为重要的人才培养战略目标，培养一大批优秀的青年科技人才。为此，我们要进一步完善相关的激励机制，充分释放人才潜能，为我国科技自立自强奠定坚实的人才基础。目前，我国发展已经进入从要素驱动、投资驱动向创新驱动转变的新阶段，而创新驱动就是人才驱动。转变经济发展方式、调整产业结构，关键要靠人才支撑，尤其是青年科技人才，因为人才在青年时期的创新能力是最旺盛的。

　　未来我国需要进一步强化科技创新驱动引领能力，青年科技人才是未来科技队伍的重要支撑，是科技长期发展的重要保障。因此，国家需要对青年科技人才培养给予充分的重视和关注，社会也理应为其成长与发展提供更好的平台与机会，进一步完善青年科技人才的激励机制。

　　只有完善青年科技人才激励机制，才能有效保护青年科技人才的科研热情，进而使其专注于提高自身的创新能力。有些青年科技人才因物质条件的限制而无法专注于科研，尤其是那些研究方向相对冷门的人才。因此，需要完善相应的激励机制，让青年科技人才真正看到踏实做科研也能获得良好的发展。激励机制要按照青年科技人才的特点及需求进行合理设计，要能够实现有效激励和充分激励。

　　只有完善青年科技人才的激励机制，才能有效吸引海外人才回流，并避免人才"返流"。改革开放40多年来，我国各类专业出国留学人员数量不断增加，很多留学人员选择回国发展，但是还有部分留学生尤其是高端人才并未回国，甚至有些已经回国发展的人才再次选择出国，出现了"返流"现象，这背后的原因值得我们深思。造成"返流"现象一个比较重要的原因是待遇不足和其发展空间受限，这就需要我国制定有效的、合理的、公开透明的人才激励机制。

只有完善青年科技人才激励机制，才能有效打造良好的社会舆论环境，从而引导更多的青少年从小立志从事科研工作，避免人才转向。例如，当前有些人选择科研工作是为了今后获得更好的就业机会，并非真正喜欢科研。现实中，大量科研人员和高校教师的低收入现状也造成了既有队伍中青年科技人才的流失。与以往不同的是，新时代的人才尤其是青年科技人才有了更多的选择。只有与时俱进、加速完善青年科技人才激励机制，让青年人才看到做科研不仅能获得社会尊重，而且能得到充裕的物质条件保障，这样才能对他们产生足够的吸引力，让他们愿意选择并热爱科研工作，从而进一步增强我国人才储备，保障未来创新引领战略目标的实现。

本书共六章，分析了我国新时代青年科技人才激励与评价体系，提出了新时代产业技术中科技创新人才体系研究的重要意义。本书从青年科技人才激励的理论基础、激励机制、激励的创新模式、青年创新科技人才的评价体系四个方面总体阐述了本书的主旨内容。本书总结了新时代青年科技人才激励与评价体系的未来发展。本书坚持理论与实践相结合，为研究高校人才培养专业的师生提供了翔实的理论资料。

本书在撰写的过程中参考了大量的文献资料，在此向各位作者表示由衷的感谢。由于笔者水平有限，书中难免存在疏漏之处，敬请各位读者批评指正。

李浩然

2022 年 5 月

目　录

第一章

新时代背景下青年科技人才培养概述

第一节 青年科技人才的概念界定及分类

一、青年科技人才的概念

青年科技人才的概念内涵丰富，外延广泛。目前，关于青年科技人才的准确概念在学术界没有统一意见，原因在于衡量的基准和观察的维度不同。青年科技人才的定义主要集中在以下四个角度：第一，世俗的角度。延续历史说法，定义青年科技人才就是"才能杰出者"，或者以传统标准"德才兼备"四个字来衡量。第二，学历教育的角度。以学历为标准，有中专以上学历的科技工作者被认为是青年科技人才。第三，人才管理的角度。评判标准是专业技术职称，认为青年科技人才是获得专业技术职称者，必须具备技术员水平或者是超越技术员以上水平的人才。第四，人才学研究的角度。评判的标准是才能和实绩，定义青年科技人才是"具有创造性劳动价值且在社会发展的过程中做出推动科技进步等较大贡献的人"。

对青年科技人才概念研究的目的在于立足社会实际，打破对于青年科技人才的固有认知，消除其神秘感，以此鼓励有志向的年轻人奋发成才，帮助企业领导者或者人力资源管理者去寻找和发现人才，做好人力资源工作的开发与建设。本书对青年科技人才的定义为"青年科技人才是社会劳动中凭借自身较高能力促进科学技术发展的人，是推动人类社会进步的专业性人才"。这个定义与上述第四种角度阐述的概念相似。上述第一种角度阐述的概念比较社会化，用大众化的表述阐述了青年科技人才的定义，而第四种角度阐述的概念则偏重于科学性和规范性，两种概念是基础和延续的关系。相比较而言，第二种、第三种角度阐述的概念则是从青年科技人才培养的实际需求出发，将学历或技术职称作为"硬性"标准进行限定，其实学历或职称只是人才基本素质的体现，并不能全面、真实地反映出青年科技人才的内涵，更不能与才能和贡献挂钩。

青年科技人才不是仅从事科技工作的人，青年科技人才要同时具备"才能较高""贡献较大"两大要素。例如，在某一专业、某一技术领域从事一般科技工作的人员不能称之为青年科技人才，而称其为科技工作人员。青年科技人才与科技工作人员相比，在素质和贡献上都要高一个层次。青年科技人才本身具备以下特征，即类别性、相对性和层次性，人才结构呈现宝塔形。如科学巨匠、教育领域的学术带头人、生产领域的技术干将、设计领域的总设计师等，他们都是具有一技之长的高素质青年科技人才。总而言之，只要具备青年科技人才两大要素的人，都可以称为青年科技人才。随着时代的变化，青年科技人才的标准也会发生变化。青年科技人才概念的内涵会随着科学技术的发展而不断发展。青年科技人才内涵的纵向变化主要体现在时间性上，横向变化则体现在空间性上。要想充分理解青年科技人才的概念，就要从根本上去理解，立足实际，不能生搬硬套一种模式，只有从不同角度进行理解，才能从本质上把握青年科技人才的概念，做到多层次地认知人才，从而大范围地开发青年科技人才资源，最终形成青年科技人才大军。

二、青年科技人才的本质特征

青年科技人才的特征还包括社会性、时代性、创造性、进步性、继承性、广泛性等，但其最主要的特征体现在社会性、时代性和创造性三个方面，具体分析如下。

（一）社会性

青年科技人才的社会性特征表现为其在社会发展中实现自身的价值，主要从以下几个方面进行分析。

1. 青年科技人才是社会中的人才

站在科学的角度分析，人才的发展离不开社会的土壤，即人作为独立个体，自身发展不能只局限在满足个人的需求方面，而是要以服务社会作为个人发展的方向。青年科技人才是脑力劳动者，是社会发展中不可缺少的一员，只有依存于社会，才能实现自身创造性劳动的价值，从而推动社会的发展和人类的进步。

2. 青年科技人才是普通的人民群众，是工人阶级的主力，也是社会实践活动的主体

"实践出真知"，判断一个人是不是青年科技人才，要通过社会实践进行全面考察。如果是青年科技人才，就能通过自身价值的实现得到社会的肯定，为社会创造劳动成果，不管是从数量上衡量，还是从质量上衡量，创造出的

成果都会比一般人的成果更加优异，青年科技人才付出同样的劳动却可以创造出比一般人更多的价值。青年科技人才一旦离开社会实践，也就失去了自身的价值。

青年科技人才的社会性特征表现为其要在社会中去实现人才的价值，这也决定了人才奉献科技事业不仅是个人的需求，还是其应当履行的社会义务，人才要充分发挥自己的才能，为社会做贡献。

（二）时代性

青年科技人才的时代性特征是从时间跨度考验人才的价值，可以解释为时代造就人才，青年科技人才的成长不是一蹴而就的，需要以时代为条件，并遵循时代发展的要求。

1.青年科技人才展现的精神风貌与时代的发展同步

青年科技人才概念的确定属于历史的范畴。青年科技人才的概念随着社会关系的变化、社会形态的推进而不断地改变。不同的历史时期、不同的社会形态、不同的阶级背景下，科技人才的特征及其对青年科技人才的要求是各不相同的。青年科技人才既是历史的产物，又是时代的骄傲。青年科技人才只能在一个特定的历史时代中成长，在这种特定的社会关系中生活，并承担起这一时代的使命和社会责任。如果青年科技人才背离时代使命和社会责任，其智力的开发、才能的发挥、事业的建树就无从谈起。也就是说，青年科技人才的价值只有在完成时代赋予的使命中才能得以实现。当代背景下，如果青年科技人才没有为社会主义现代化建设做出贡献的时代使命感，就会缺乏拼搏进取的动力；如果青年科技人才没有立志振兴国家而负重奋飞的时代使命感，也就找不到矢志成才的力量源泉。著名地质学家李四光肩负着时代的重任，为祖国追赶时代的潮流做出了重大贡献；著名化学家唐敖庆拼搏于高分子科学领域，担负起时代赋予的科学使命。

2. 青年科技人才的科技水平处于时代前沿

科学技术体现的是时代精神。时代的发展塑造出卓越的青年科技人才，青年科技人才自身的发展是科技成就与时代精神的集合。从历史的角度来看，解决每个时代科技发展遇到的问题的过程，就是人类科技认识史进入新阶段的标志。从科学技术的时代划分来看，材料科学技术先后经历了石器时代、青铜器时代、铁器时代、高分子时代；能源科学技术先后经历了自然力时代、蒸汽力时代、电力时代、原子能时代；信息科学技术先后经历了文字传输时代、电子通信时代、电子计算机时代。这种不断发现问题与解决问题的过程，引导人类不断地从一个技术时代走向另一个技术时代，青年科技人才也随着技术时代的演变而呈现出不同的时代特点。第一次技术革命，是围绕纺纱机和蒸汽机而展开的产业革命，青年科技人才的特点是工匠式的技师；第二次技术革命，是分别围绕电力、化学、钢铁等行业展开的工业技术革命，青年科技人才的特点是专业性的工程技术人才；第三次技术革命，是围绕综合交叉的重大科技课题展开的尖端技术革命，青年科技人才的特点是博大专深的高智能人才。

（三）创造性

青年科技人才的创造性是其最本质的特征之一，尤其在科学技术高速发展的当代社会，青年科技人才的创造性特征表现得更为突出。创造性是青年科技人才有别于其他人的首要条件。创造性是促进科学技术发展的重要因素，科学技术的历史发展体现出人类对世界的不断认知，记录人类运用科学技术改造世界的历史过程。当然，在任何一个时代，科技人才的认识、创造发明以及各种贡献都是在前人的认识和成果的基础上形成的。牛顿之所以能在力学、天文学方面有卓越的成就，是因为这些领域经过伽利略、刻卜勒、胡克、惠更斯等人的努力，产生了较充分的知识储备；瓦特也是在前人理论与经验的基础上发明了蒸汽机。尽管每一代科学家在每个领域的研究都离不开前人的基础，然而他们又不能囿于以往历史的局限，匍匐于先驱者的结论之下而裹足不前。青年科技人才往往是通过综合和转移等途径，运用已有的科学原理，发明创造新技术、新工艺、新材料、新设备。例如，日本在借鉴别国先进技术的基础上，集中青年科技人才进行综合与转移，创造了不少世界一流的新产品和新技术。

敢于去追求，去超越前人的发现，去开拓前人的未知发现，在科学技术的不断发展中探索，为人类的真理不断补充新知，这是青年科技人才内涵中的本质特征。辨别一个人是不是青年科技人才，一个很重要的方面就是看其是否具有创造性。这种特征的主要表现为：①创造力效应显著，即在基础研究、应用研究、开发研究、管理研究等方面有重要贡献或取得突破；②创新意识强，创造性思维与创造性想象水平高。如果青年科技人才不创造或根本不善于创造，那便失去了青年科技人才的真正价值。

三、青年科技人才的分类

青年科技人才的分类标准有两种：第一种是根据表观特征分类，比如以专业和行业来分类，以行为方式的标准分类，或者按照个性的特征进行分类等，都属于表观分类法；第二种是根据内在本质进行分类，如按历史阶段特有性质、成长发展过程、思维类型、掌握知识的深度与广度、知识结构、智能形式等进行分类，这些都属于内在本质分类法。这两种分类法既有区别又有联系，既可单独使用又可结合使用，既适用于青年科技人才个体又适用于青年科技人才群体。

（一）青年科技人才个体类型

1. 按行业、专业分类

按行业、专业分类是最直观的分类，其分类层次、分类系列多种多样，如按行业可分为工业人才、农业人才、经济人才、军事人才等。每个行业又可细分为各种专业人才，如化工人才、轻工人才、纺织人才、机械人才等。

随着科学技术的发展，行业、专业的分工产生了较大变化，其界限越来越模糊，类型范围越来越广，行业、专业的分类也出现了综合化的发展趋势，逐步向跨学科、多用途的青年科技人才类型发展，如生产经营型人才、理工结合型人才、文理结合型人才、工贸结合型人才、军地两用型人才等。

2. 按行为方式分类

由于青年科技人才的素质和智能结构不同，其在科技活动中表现出不同的行为类型。从大的行为类型划分，有领导型人才、参谋型人才和执行型人才三种。

领导型人才是指那些具有一个领导者应该具备的政治素质、知识水平、身体条件和组织、管理、领导能力并处于指挥地位的优秀人才。领导人才可分为政治领导型人才、行政领导型人才和业务领导型人才。随着政治体制和经济体制的改革，一大批青年科技人才走上领导岗位，他们也是青年科技人才的重要组成部分。这些人才以自身独特的才能、品质、经验及创造性的工作，团结、带动广大青年科技人才或其他成员去实现预定的目标。因此，本书提到的青年科技人才不仅包括领袖、将才、帅才，也包括企业、事业及团体中从事科技工作的领导人才。这类领导人才有高低层次之分，但这是相对的，是可以在一定条件下转化的。

参谋型人才又可称为"点子人才""智囊人才"。此类人才有如下几种类型：①预见型人才。这种人才对问题相当敏感，往往在其他人还没有注意的时候，就较早地发现一些征兆，从而能准确地把握问题的实质。②探索型人才。这种人才热心于收集各种情报和新知识，可以敏捷地意识到新的管理技术的有效性，提出的问题不一定科学、准确，但趋向性强，总有新意。③沉静型人才。这种人才平时沉默寡言，不爱抛头露面，往往会提出一些稀奇古怪的问题，但点子多，考虑问题比较深入，能不断地提出一些解决问题的设想和方案。④计划型人才。这种人才思考问题有严密的逻辑性和条理性，对于事情的大小、主次、轻重、缓急有独特的处理能力，能够在确保周密细致的工作的基础上找到前进的方向。

执行型人才主要是把领导者的新思想、新方案加以具体贯彻，并付诸实施。没有执行型人才的合作，领导指挥便会落空。

3. 按个性特征分类

所谓个性特征，是指青年科技人才在个人气质、动机、情绪、习惯、态度、观念以及才能诸方面综合汇集呈现出来的特征。据此，青年科技人才可分为如下八种类型。

（1）热心型。这种人才迷恋科学研究，不知疲倦，不屈不挠，勇往直前，有较强的献身科学的精神。

（2）先驱型。这种人才思维敏捷，反应迅速，勤奋不懈，长于合作，甘为人梯，善于选拔人才，往往是学术带头人或人才群体的优秀组织者。

（3）判断型。这种人才能迅速发现科技工作中的优点和弱点，及时从方向上、原则上做出可行性论证，具有研究解决科技难题的技能，这种人才往往是敏锐的科学批评家。

（4）博学型。这种人才博学强记，知识面宽广，善于从宏观角度解决科技问题。这种人才博览群书，勤奋好学，有较强的综合能力。

（5）技术巧匠型。这种人才具有特殊技能，善于巧妙地利用现有的科技成果进行更高层次的再创造，善于将别人未完成或尚未成型的观念重新整理成可行的方案。

（6）审美型。这种人才以审美的眼光看待科学技术，把解决科技问题看作是工艺品的雕琢设计，对科技活动有一种审美观。

（7）方法论型。这种人才热心于科技方法的研究，研究解决科技问题往往从方法和途径上下功夫，他们的科技成果主要表现在方法的开拓上。

（8）独立型。这种人才热衷于个人的研究和创造，不愿意也不善于与别人合作，对行政管理等社会事务不感兴趣，习惯于安静地从事自己的科学研究。

4. 按科技工作的性质分类

按科技工作的性质分类是最常用的一种分类方法。青年科技人才可以细分为许多类型，但一般有如下四种类型，本次调查分析也是按照这种分类进行的。

（1）研究开发型人才。这种类型的青年科技人才进行的是基础性研究和应用基础性研究，他们注重对理论知识的研究，研究目的是推进科学技术的创造或发展。这些人才所进行的研究活动能够为推动生产的科学技术服务。实践证明，研究开发型人才的水平是影响科技进步的关键因素。

（2）工程技术型人才。工程技术型（包括工程设计型）人才是应用型的青年科技人才。这种人才有别于其他人才的显著特征是他们能够把先进的科学思想、概念、理论转化为实际应用的新技术、新工艺、新材料、新产品，使科学技术转化为现实的生产力。

（3）经营管理型人才。经营管理型人才主要是指在经济领域内为推动社会发展、搞活经济、搞活企业以及为人类物质文明和精神文明做出较大贡献的人才。从目前实际情况看，相当一部分经营管理人才是由科学研究、工程技术人才"转行"而来的。

（4）教育教学型人才。这类人才实际是教师或教育工作者，是以培养青年科技人才为己任的特殊"工程师"。

5. 按思维类型分类

青年科技人才思维能力的高低具体表现为其在科技活动中的灵活构思和想象能力。按思维类型分类，青年科技人才主要分为如下两种类型。

（1）推理型人才。这种人才的思维过程更多地诉诸逻辑。逻辑思维是人类揭示客观世界的本质和规律的极其重要的思维活动形式，几乎渗透到人类获取所有新理论和新知识的每个过程。此类人才适合从事深层次科学研究，善于以推理的方式共同探讨问题，相互之间易于合作。

（2）猜测型人才。这种人才的思维过程明显地凭借直觉和想象。此类人才比较适合从事具体的科学技术工作，如果同时具有管理领导才能，则更适合担任科研机构的负责人。

按思维类型的维度分类，也可以将青年科技人才分为如下四种类型。

（1）线形思维型人才。这种人才拥有直线形的思维模式。其特点是继承性强，富于理性，在解决科技问题、获取知识和继承人类科学文化遗产方面起着积极作用。

（2）平面思维型人才。这种人才可以顺着一定的面任意扩散思维。其特点是横向发展，断面扩散，随意化，跳跃性和可塑性强。这种人才思维开放、知识面宽、思路开阔、好奇心强，但不太稳定。

（3）立体思维型人才。这种人才善于打通多种思维渠道。其特点是具有多维性、系统性、指向性、预见性，这种人才想象力丰富，知识面博深，有计划、管理、设计、控制等综合能力，有进取精神和预测能力。

（4）高维及超高维型人才。这种类型的人才是随着宏观与微观的科技领域发展而出现的人才类型。高维型青年科技人才的思维方式是时空统一的，是螺旋的、相对的、互补的思维方式；超高维型青年科技人才是在高思维的基础上，加上了人的直觉、顿悟、选择、审美等。这种超高型思维，实际上就是由辐射性思维和辐集性思维结合并深化而成的高创造性思维。这种人才是时代的骄子，往往站在尖端技术的前沿，具有做出重大发明与突破的潜在能力。

6.按掌握知识的深度和广度分类

按掌握知识的深度和广度分类，青年科技人才分为如下两种类型。

（1）专才。这种人才是指仅精通一种专业的人才。专才的主要特点是致力于某一方面的研究，站在本学科的前沿领域，有较深的造诣。这种人才善于发挥智能优势，在某一科技领域取得突破。

（2）通才。通才并不是全才，而是指其在精通一两种专业的基础上，兼备其他方面的知识，是知识面广博的人才。他们善于对跨学科的重大课题进行综合分析，所取得的科技成果也是多方面的。

7.按知识结构分类

按知识结构分类，青年科技人才分为如下三种类型。

（1）平式结构人才。这种人才是指仅具有一般科技基础知识的人才，其知识结构像汉字的"一"。这种人才的特点是自己的知识结构没有特色，没有独到之处，平而不尖。这种人才很难成为杰出的人才，形成这种结构的关键是其没有找到或没有找准自己才能的生长点。

（2）纵式结构人才。这种人才是指知识带有明显专门化（硬科学）特征的人。这种人才在某一专业领域有较深造诣，其适合专业性很强的工程技术和科学研究工作，在一定范围可以发挥其才能，但适应性、应变性较差，也很难成为贡献超凡的杰出人才。

（3）T型与π型人才。T型人才（见图1-1）是指具有专业化知识，且懂得领导科学、管理科学的人才，其知识结构像英文字母"T"；π型人才（见图1-2）是指不仅具备领导管理科学知识，而且具备两种以上专业知识的人，其知识结构像希腊字母"π"。T型和π型青年科技人才从知识结构上而言是"软硬科学兼备"的人，既可以担任科学技术专家，又可以成为领导和管理专家。他们集专才与博才于一身，既懂工程技术本身的知识，又了解工程技术对社会的影响，既能处理因技术和社会影响相互作用而产生的一些社会技术问题，又能参与需要具备统计分析和优化理论知识的科学决策。他们能不断地随着知识量的增加而适时地对所有知识进行调整、排列、组合，从而确定最佳的知识结构。这种人才适应性强，应变能力高。

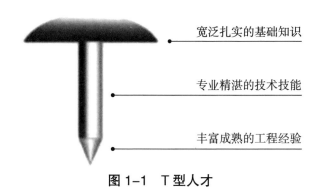

宽泛扎实的基础知识

专业精湛的技术技能

丰富成熟的工程经验

图1-1　T型人才

图1-2 π型人才

8.按智能形式分类

按智能形式分类，青年科技人才分为如下三种类型。

（1）再现型人才。这种人才善于积累知识，其特点是善于物化设计和构思，实践能力、操作能力、实施能力强，能够有效地再现前人的经验。科技工作不仅需要创造者、探索者，也非常需要再现者、实施者。任何一项科学发明的理论突破点都要通过再现者、实施者的工作才能产生巨大经济效益。

（2）发现型人才。这种人才是指在前人经验基础上继续提高和有所发现的青年科技人才。这种人才不但能积累知识，而且善于观察、推理、分析、综合判断等，擅长探索事物的运动变化规律，具有较高的智力条件，能驾驭知识，善于通过自己的实践有所发现。

（3）创造型人才。这种人才是指具有独创精神并在科学理论和技术上有较大突破的青年科技人才。这种人才有较强的构思能力，知识渊博，富于想象，善于活化知识，具有创新精神。再现型、发现型和创造型青年科技人才各有千秋，在科学事业上互相协调、互相促进，都是社会主义现代化建设不可缺少的人才。

（二）青年科技人才群体类型

青年科技人才群体是为了发挥青年科技人才某种特定功能和作用而把不

同的青年科技人才个体有机地组合起来。区分不同层次、不同类型的青年科技人才群体是研究青年科技人才群体结构的前提。

发挥青年科技人才的最佳功能和作用要求我们必须建立最佳的青年科技人才群体结构。最佳结构并不是高学历、高才能的青年科技人才的组合，关键在于整体结构的和谐性、智能结构的互补性、思维结构的共振性等。群体结构主要考虑如下方面：①年龄结构；②素质结构；③技能结构；④智力结构；⑤气质结构；⑥个性结构；⑦专业结构；⑧能级结构；⑨知识结构；⑩文化结构。建立最佳群体结构没有一种固定的模式和方法，这是一个多维的、动态的、全方位的调节过程，需要一定的时间和空间才能完成。

青年科技人才群体千差万别、各具特色，但从其内在本质和功能上分类，大致归纳为三种类型。

1. 研究—创造型

这种人才群体中的成员需要较大的自由度，需要充分发挥每个成员的智力潜能，因此，群体中人与人之间的"水平关系"应占优势。与此相适应，群体结构应采用"平式"，即跨度大而层次少。例如，著名化学家唐敖庆在研究配位场理论时，组成了"八大弟子"研究群体，这是一种高层次的"平式"群体结构。

2. 生产—执行型

这种人才群体，需要集中完成指令性计划，因此，群体中人与人之间的"垂直关系"应占优势。与此相适应，群体应采用"纵式"结构，即跨度较小而层次较多。

3. 实验—设计型

这种人才群体介于上述两种群体类型之间，群体中人与人之间的"水平关系"与"垂直关系"处于均衡状态。与此相适应，群体结构趋于"方形"为宜。

当然，上述三种群体类型的设计还受到很多条件的制约，依据群体性质和各自条件的不同，又会各有特点。

第二节　青年科技人才的性格特征、需求特征与人力资本属性

一、青年科技人才的性格特征

创新就是突破传统习惯，打破思维定式，创造前所未有的新事物。这种挑战传统习惯的行为活动使创新型人才经常要承受超出普通人承受范围的心理压力，最终能经受得住磨难与考验而获得成功的人往往也具备了坚定的自信心、坚韧的毅力和强烈的竞争意识。所以，青年科技人才的性格通常具有如下特点：一是具备坚定的自信心。这种自信表现为他们相信自己所认可的东西最终也会被他人认可。自信推动青年科技人才积极思考，使他们始终处在一种亢奋的精神状态，不惧挫折，不断地扬弃自我、超越自我。在科技群体的发展过程中逐渐形成职业声望与职业角色的主体形象，并被社会认可，这本身是对科技群体成员的一种约束和激励。二是具备强烈的竞争意识。竞争意识是创新的源泉。许多研究表明，科技创新型人才的竞争意识强于普通人。他们喜欢迎接挑战，勇于承担风险，并从克服困难中获得无穷乐趣。三是具有锲而不舍的毅力。科技创新型人才认定一个目标后能够孜孜以求、专心致志、顽强执着。美国的心理学家特尔曼曾对1528名高智商的儿童进行长

期的跟踪调查，发现影响他们成功的并不是智力因素，而是非智力因素，即志向和毅力。四是具有不落俗套的独立性。科技创新型人才之所以能成为创新者，就在于他们不墨守成规，敢于挑战权威、挑战传统，突破现有的思维定式，敢想别人不敢想的，敢做别人不敢做的。他们摒弃人云亦云，喜欢独立思考，独辟蹊径寻找解决问题的答案。五是对自己所从事的事业有浓厚的兴趣。浓厚的兴趣会使人产生积极的学习态度，使其自觉克服困难，排除各种干扰，从而取得成就。

二、青年科技人才的需求特征

马斯洛在其著作《人类动机理论》中认为，所有人的行为都是围绕着某种需求（见图1-3）进行的，期望得到满足的需求是驱动其发挥积极性的起点，是引导其行为的初始动因。不同的人对各种需求的偏重程度不同，同一个人在不同时期对各种需求实现的渴求程度也是不同的。本书将以需求理论为依据，以科技人才的工作特性、情境及领域为分析入手点，归纳出科技人才的独特需求。

第一，从需求理论角度进行分析，青年科技人才更加渴望成就，并期望其成就能够被社会所认可，尤其可以得到同行或是科学共同体的理解与认可，进而满足其被认可、被尊重及获得成就感的心理需求。成果是青年科技人才被认可的基础，也是他们获得尊重的一种媒介，青年科技人才迫切希望自己的成果能够被理解和认可的根本目的是让社会认可自己以及所从事的工作。根据波特（Lyman W. Poter）和劳勒（Edward E. Lawler）对工作满意感与工

图 1-3　马斯洛的需求层次理论

作绩效关系的探讨，并不是员工满意导致绩效，而是良好的绩效导致员工产生满意感。而赫茨伯格在其《工作与人性》中指出导致员工满意的 5 个主要因素是：成就、赞赏、工作本身、责任、进步。成果是成就及工作绩效的表现形式，它可以为成果的创造者赢得赞赏，这种赞赏主要是指对工作成绩的认可及由此而衍生出来的对工作成绩做出者的一种赞赏，而不是那种为了改善关系而采取的姿态。这种赞赏是对个人能力的肯定与尊重，所以能为人带来满意感。这一心理需求的实质就是麦克利兰所指的成就需求，也是马斯洛提出的需求层次论中的尊重需求、自我实现需求。而工作本身是满足这种需求的一种重要途径，责任则是在认识到自身工作意义的基础上产生的一种心理状态，这种心理又可以引导当事人以持之以恒的态度追求工作的结果，即绩效。

　　第二，对关系的需求。青年科技人才是重要的知识消费群体，而知识本身依据其交流过程中的特性可以分为可交流知识与只可意会但不可言传的知识两大类。青年科技人才对关系的需求主要表现在对知识交流的需求，而不是对人际交往关系的需求。事实上，绝大多数青年科技人才并不特别注重组织归属感，他们往往需要在科学共同体内具有一定的标新立异性，并常常为自己的与众不同感到满意，其对关系的需求常常表现为以知识交流为主体而形成的关系需求，实质是对"知识"的需求，而不是对人际关系的需求。与一般人对关系、归属感需求不同的是：一般群体的关系需求与组织内其他成员或组织最终形成的价值观是趋同的，而青年科技人才在交流过程中趋向于求异，所以他们流动意愿强。在技术部门中，最有价值的资产是人员的知识技能和不断创新的能力，而这一资产却存在于科技人员的头脑之中，是企业无法拥有和控制的，科技人员对自己职业发展前景的强烈追求使人才流动成为一种普遍现象。为了和专业发展现状保持一致，他们需要经常更新知识，通过不断学习来充实自己。

三、青年科技人才的人力资本属性

"人力资本"的概念是随着经济增长理论的发展而提出的。分支众多的增长理论对人力资本的范畴界定并不是完全统一的。西方经济学认为，所谓人力资本，是指体现在劳动者身上并以劳动者数量和质量来表示的非物质资本，体现在人的身上表现为人的知识技能、资历、经验和熟练程度等，即表现为人的能力和素质。青年科技人才作为较为独立的一类人力资本，与企业家及普通劳动力相比较，有以下几个特征。

第一，青年科技人才的人力资本积累过程是一个长期的、没有终点的过程。马歇尔（Alfred Marshall，1964、1965）[①]总结劳动力商品特性时指出：劳动提供专业能力所需要的训练时间很长。青年科技人才作为一个群体而存在，是专业化发展的结果。从群体角度而言，与一般人力资本专业化训练相比，青年科技人才的培养、训练是一个更长期的过程。由于青年科技人才是创造、提供、运用知识的人，是实现科技向现实生产力转化的人，同时也是将实践再次上升为理论的人，所以青年科技人才的人力资本积累贯穿其整个职业生涯乃至整个生命过程，是一个长期且没有终点的过程。人力资本是经过后天投资（教育、培训、干中学等）形成的，不同时期同一人力资本载体所拥有的人力资本价值是不同的。当今社会已进入信息时代，知识和技术的更新速度加快，要想提高技术创新能力，还需要调动创新主体进一步进行人力资本投资，以保证人力资本价值不贬值和赶上知识更新的速度。与普通劳动力相比，青年科技人才的人力资本往往并不是随着年龄增长到一定阶段就会发生递减的现象。由于绝大多数的人力资本是依赖脑力与智力而不是依赖体力，所以扣除知识老化所带来的消耗，青年科技人才的人力资本几乎是随着年龄的增长一直递增的。

第二，青年科技人才的人力资本具有外部性。知识的"溢出效应"使知识的创造者及提供者所从事的活动本身也具有了一定的"溢出效应"。青年科技人才作为科技的创造者、实践者以及总结者、升华者，在科技活动过程中，将不可避免地产生一定的外部性。外部性以及学习效应的存在，使人力资本的支出并不能带来全部的收益。这在一定程度上影响了人力资本的支出效率。实证表明：个人在进行人力资本积累决策和分配时间决策时，不会考虑其对生产率的影响，但对于研发机构而言，由于其投入与产出的不均衡性，将会

---

① 转引自：裴小革.论国外劳动经济学中的人文因素［J］.经济研究，2000（5）:39-46.

影响研发机构开展科技活动的积极性。此外，政府的鼓励性政策，如税收政策、财政补贴政策等会在一定程度上补偿研发机构由于其活动产生正向的外部性所带来的损失，从而在一定程度上激励了研发机构的研发积极性。

第三，人力资本所有者的天然所有权及控制权使人力资本具有专有性特征。专有性使人力资本本身具有一定的排他性和垄断性，主要表现在人力资本所有者决定着人力资本的发挥与否以及发挥程度。青年科技人才从事科技工作所需的前提是青年科技人才必须具有相当程度的知识存量。周其仁（1996）认为，人力资本的依附性导致人力资本的产权特性显著不同于非人力资本，主要表现在以下两方面：一是人力资本只能属于个人；二是人力资本的使用只可"激励"不能"压榨"。[①] 人力资本的所有权是独一无二的，任何其他经济资源包括各种物力资本，它们既可以属于家庭、社区和企业，还可以属于任何人或群体，但人的体能、智能以及经验和精神的所有权，只能属于其载体，与载体不同分割，且这个载体必须是活生生的人。

第四，人力资本具有内在的可控性（也称主动性）。这一特点是由上一个特点派生出来的。由于人力资本所有者具有天然所有权及控制权，所以人力资本使用和发挥的状况及最终作用的大小在很大程度上受到其"主人"的主观动机和努力程度的影响。

第五，人力资本具有外在的难测性。人力资本至今没有一个科学的衡量标准。教育程度、智力测验等可以在一定程度上反映一个人的人力资本的大小，但由于人力资本所有者具有天然所有权及控制权和人力资本具有内在的可控性，所以即使衡量出人力资本的大小，仍不能保证人力资本发挥出的价

---

① 转引自：李庆华，孙虹，汤薇.基于人力资本依附性的员工激励机制研究［J］.技术经济，2006（4）:33-35，92.

值同其本身大小相当。因此，在与劳动者签订契约时，除无法准确地评估劳动能力外，还无法制定一个与其劳动能力发挥的效果完全挂钩的科学评价体系。这样造成的结果是劳动契约一般由购买劳动者的劳动时间来决定。在传统经济中，劳动时间和产出的变化可以比较容易度量出劳动能力发挥的效果。如采用计时、计件的方式时，这种契约尚有其存在的合理性。而在知识经济时代，劳动将主要以脑力劳动为主，传统的衡量标准则失去或至少部分地失去其合理性。

第六，人力资本具有协作性。即人力资本价值的发挥往往需要群体的配合，经过长期的合作重视，才会形成合理搭配、相互补充的群体结构。有时单个的人力资本是很难发挥作用的。特别是在技术创新活动中，独立进行创新活动的行为越来越少，目前的创新活动大都由团队生产的方式进行。因此，如何调动整个创新团队的积极性就成了激励机制需要探讨的课题。

第七，青年科技人才发挥其人力资本作用的重要因素往往不是其知识存量的多少，而是其学习能力的强弱。学习能力是人力资本实现自我积累的决定性因素。由于所从事的活动的创造性，不仅要求青年科技人才具有一定的知识存量，还要求其具有很强的学习能力，这样才能解决创新性活动中出现的问题。青年科技人才是技术创新的载体，技术创新离不开青年科技人才，这不仅表现在青年科技人才是技术创新和技术进步的源泉，而且还体现在青年科技人才是技术扩散的必要条件。一方面，新技术扩散的范围和速度与一个国家的人力资本存量具有密切关系。在其他条件一定的情况下，人力资本存量越大，质量越高，技术扩散的范围就越广，扩散的速度就越快。另一方面，科技进步、技术创新的关键在于有一套促进创新的激励机制。尼可拉斯·格里高利·曼昆概括的经济学十大原理之四是"人们会对激励做出反应"。在市场经济条件下，促进科学创新必须要为创新者提供激励，或者说建立一套有利于创新的经济制度，如保护发明者权益的专利制度、风险投资制度、对科学家的物质或精神鼓励、对创新活动免税甚至提供补贴等，都是促进创新的制度保证。激励就是青年科技人才充分发挥作用的必要条件。从促使青年科技人才内在的创新因素的生成与发展的作用来看，制度的激励推动着技术的进步，虽然我们还不能把激励绝对化为创新的充分条件，但许多事例都证明，任何创新活动都需要激励。青年科技人才本身所具有的特点也决定了其创新能力的发挥需要一定的激励制度作为保障。因此，要想调动青年科技人才创新的积极性，提高我国企业的技术创新能力，就必须对青年科技人才实施激励，而制度是最好的激励。因此，构建青年科技人才激励制度是提升企业技术创新能力的关键。

第三节　青年科技人才
是构建产业技术创新体系的关键

　　中国已经进入新时代，进入创新发展的关键时期。特别是在新一轮科技革命中，人工智能、互联网、大数据与传统的物理、化学、机械等学科交叉融合，促使科技变革加速演进。前沿技术呈现多点突破态势，科技创新呈现多重深度融合，颠覆性创新对社会、经济、安全等问题产生重大影响和冲击。在新一轮科技革命浪潮中，我们面临着严峻的挑战，关键核心技术受制于人的问题没有得到根本解决。各个领域的很多关键核心技术仍然存在"卡脖子"问题，如引擎、操作系统、集成电路器件等领域，靠图纸和代码掌握不了核心技术，再如装备元器件加工、关键设备配套等高端制造领域技术，往往掌握在少数供应商手中。因此，突破核心技术的关键在于核心人才。

一、核心技术的解构、突破与人才支撑

　　关键核心技术是国之重器，对推动我国经济高质量发展、保障国家安全都具有十分重要的意义，必须切实提高我国关键核心技术创新能力，把科技

发展主动权牢牢掌握在自己手里，为我国发展提供有力的科技保障。[①] 本节主要从以下方面做出分析。

（一）核心技术的内涵解构

核心技术是技术体系中的关键或具有核心作用的技术，核心技术一般具有高投入、长周期、嵌入性、寡头垄断、商用生态依赖性等特点。[②]

从核心技术的知识本质来看，可将核心技术解析为：原理性核心技术（Principle Core Technology，PRCT），是产品基本功能实现过程的基础，只有对基本技术规律和科学原理有深刻的理解和创新能力，才能解决核心技术原理"从无到有"的问题，这类技术突破的主体是高校。性能性核心技术（Performance Core Technology，PFCT），是由产品开发的核心算法、模型、控制策略和设计方案构成，要解决产品"从无到有"的问题，需要具备标准化的、完整的产品设计开发能力，这可以通过模仿或逆向工程来实现，技术突破的主体是高校和企业。可靠性核心技术（Reliability Core Technology，RLCT），包括关键故障解决技术，针对量产后的耐久性、特殊环境、需求适用性等用户体验，解决产品"从有到优"的问题，需要具备修复故障的能力，技术突破的主体是企业。核心技术的内涵结构如图1-4所示。

---

① 吕晓勋.评论员观察：在关键核心技术上力求突破——把创新主动权握在自己手中［N］.人民日报，2018-07-17（05）.
② 张雁，楼羿.技术哲学视野下中国高铁技术发展探析——论高铁技术与人的"协作与奴役"［J］.自然辩证法研究，2011（9）：48-52.

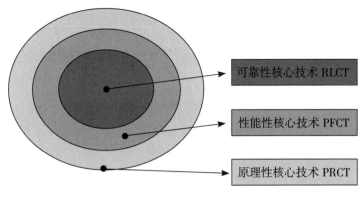

图 1-4　核心技术的内涵结构

（二）核心技术突破路径

PRCT 是技术中的"科学性"内容，突破的前端要基于成熟或经典理论，一般不可能通过模仿或购买实现突破，而必须依靠深入的基础研究实现突破。先发企业以专利或商业秘密的形式来保护 PFCT，从而形成了较高的门槛；后发企业可以通过分解研究、逆向测试等获得一些信息，也可以寻求外部合作、联合开发或技术咨询。RLCT 主要与实践经验有关，尤其是发现和处理故障问题的经验，依赖于企业长期的故障模式数据库。它属于技术诀窍，是企业核心的机密信息。显然，PRCT、PFCT、RLCT 是三种不同性质的核心技术，构成了突破核心技术的三道门槛。从 PRCT 到 PFCT 再到 RLCT，后来者面临的是越来越严密的技术封锁，技术"黑箱度"越来越高。[1] 核心技术突破路径如图 1-5 所示。

核心技术的突破过程就是逐步打开"黑箱"的过程，其路径是以突破原理性核心技术为起点，再依次实现性能性核心技术和可靠性核心技术的突破[2]。

---

[1]　黄江明，赵宁.资源与决策逻辑：北汽集团汽车技术追赶的路径演化研究［J］.管理世界，2014（9）:120-130.

[2]　叶路扬.我国核心技术及其对策研究［D］.广州：华南理工大学，2013.

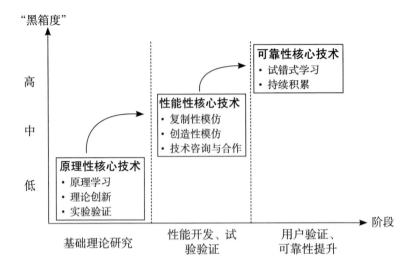

图1-5　核心技术突破路径

在此背景下，只有打开核心技术的"黑箱"，分析核心技术的本质及结构，才能找到突破的路径和机制。

（三）突破核心技术的关键是核心人才

1947年，美国贝尔实验室的肖克利研制出了晶体管，这是20世纪最伟大的发明之一。在1955年，肖克利离开了贝尔实验室，随后在旧金山湾区东南部的硅谷创办了肖克利实验室股份有限公司。公司正式运营后，肖克利立刻招揽全国电子科技领域的技术型人才，八名年轻科学家先后加入了肖克利的实验室。他们都是非凡之辈，年龄都在30岁以下，学业有成，创造力正处于巅峰时期。由于肖克利的经营不善，实验室没有开发出任何像样的产品。之后，八名优秀的年轻人一起向肖克利提交辞呈，开始了自己的创业之路。一个偶然的机会他们获得了仙童照相机与仪器公司老板提供的种子基金，成立了仙童半导体公司，这是硅谷第一家由风险投资创立的公司。创业之初，八个年轻人发明创造了先进的技术和产品，如用硅代替传统锗材料的双扩散型晶体管、整套晶体管平面加工技术、申请集成电路的第一项发明专利等。仙童半导体公司因发明集成电路而名声大振。八个年轻人的创新精神在美国硅谷乃至世界科技创新史上留下了浓墨重彩的一笔。仙童半导体公司为硅谷培育了成千上万的技术人才和管理人才，是名副其实的"人才摇篮"。一批又一批精英从这家公司走出去，在硅谷创业，书写了硅谷的辉煌历史。

美国是科技创新能力全球领先的国家，美国的科技实力在世界处于领先地位，其中核心技术领域有软件、芯片、互联网、军工、航天、金融、通信、教育等。美国能成为一个科技强国，不仅得益于它培养了一大批才华横溢的科学家和工程师，还得益于一批来自世界各国的青年科技人才。美国的常春藤大学和顶尖研究机构聚集了世界顶尖人才。美国的创新实践教育体系在核心技术创新和人才培养方面发挥了基础性作用。

未来世界的竞争，从根本上说是人才的竞争。创新本质上是由人才驱动的，谁拥有一流的创新人才，谁就拥有了突破核心技术的优势和主导权。以工程青年科技人才为例，在现代全球工业化的发展趋势下，要把工程科技教育面向产业、面向全球、面向未来，需培养大量的综合素质优秀、知识基础扎实、具备国际视野和跨国合作交流能力的高质量人才，已经成为我国教育界与工程界的一致目标。培养创新型工程青年科技人才队伍的关键是为人才的成长创造良好的环境。我们要进一步加强工程科技教育和继续教育，努力培养一大批拔尖创新人才，培养数以千万计的工程青年科技人才，培养数以亿计的工程技能人才，为国家实施创新驱动发展战略贡献力量。

历史上，世界经济中心曾数次转移，其中有一条清晰的脉络，就是技术创新一直是支撑经济中心地位的强大力量，领先的核心技术和尖端的人才流向哪里，发展和经济竞争力的制高点就会转向哪里。科学技术成为整个人类社会发展的重要动力和指引发展的主要方法论，对整个经济、社会发展和结构调整起到一种校正、支撑和引领的作用。从表面上看我们是缺少核心技术，但背后却是缺少核心人才。目前，中国科技人力资源的总量和研发人员均已居世界前列，科技人力资源增长迅速。习近平总书记指出："我国科技队伍规模是世界上最大的，这是我们必须引以为豪的。但是，我们在科技队伍上也面对着严峻挑战，就是创新型科技人才结构性不足矛盾突出，世界级科技大师缺乏，领军人才、尖子人才不足，工程技术人才培养同生产和创新实践脱节。"[1] 青年科技工作者已经成为国家创新发展队伍中最具活力的新生力量。时代造就了青年科技工作者，时代也对青年科技工作者提出了新的责任和使命，青年科技工作者要勇敢地肩负起时代赋予的重任，让创新成为青年科技工作者的专属标签。

二、青年科技人才要成为核心技术攻关的"领头羊"和生力军

核心技术的突破是有迹可循的，成功的创新实验具有偶然性，但所有偶然性的背后都有科学基础理论和应用原理的支撑，核心技术攻关需要人才，特别是青年科技人才就是达成核心技术攻关的主体。当代中国正进入创新发展的关键时期，我们比历史上任何时期都更接近中华民族伟大复兴的目标，因此需要强大的科技创新力量。历史的接力棒已经传到了新一代青年科技人

---

[1] 习近平.在中国科学院第十七次院士大会、中国工程院第十二次院士大会上的讲话［EB/OL］.https://www.cas.cn/zt/hyzt/ysdh17th/yw/201406/t20140612_4136458.shtml，2014-06-12.

才手中。时代造就了青年科技工作者，时代也赋予了青年科技人才新的责任，在此基础上，我们应该迅速抓住移动互联网革命带来的机遇，努力走在世界科技革命的前列。青年科技人才在核心技术攻关的基础研究、应用研究和工程化三个阶段均发挥着重要的作用。

（一）成为核心技术攻关的先锋

国际竞争的核心是科技，科技发展的关键在人才，人才的活力取决于青年科技人才。青年科技人才要有国际视野，要有敏锐思维，且对束缚创新创业的体制障碍既要敢于批评，又要善于思考，还要探索改革，承担起改革的责任，充分发挥先锋作用。例如，施一公团队破解了结构生物学的难题，在生命科学基础研究领域取得了重大原创性突破，成功解析剪接体结构。业内称此项研究是"至关重要"的突破，为揭示与剪接体相关遗传病的发病机理提供重要的结构基础和理论指导。这项举世瞩目的科研成果背后，是一支由一位"65后"和三位"85后"组成的团队，课题的攻坚阶段，他们每天在实验室工作14~16个小时，充分发挥自己的专长，他们在科研上的训练有素促使团队能率先取得这一成果。

（二）成为推动核心技术攻关的生力军

青年科技人才处于创造力最旺盛的时期，是技术创新的生力军。中国科技工作者创新能力不断提升，青年科技人才的表现越来越突出。但中国的技术创新与先进国家还有很大差距，实现追赶要靠中国科技人才尤其是青年科技人才的不懈奋斗。广大青年科技人才要弘扬爱国奉献、勇攀高峰的优良传统，紧紧围绕国家长远发展急需的重大关键技术，紧盯国际科技前沿的创新课题，开展科研攻关，争取一流成果，为在世界新一轮科技革命中提升中国核心竞争力做出应有贡献。

（三）成为核心技术攻关的典范

中国目前是全球看好的创业热土。改革开放以来特别是近年来，由青年科技人才创办的高新技术企业迅猛发展。青年科技人才拥有知识、技术、信息等创业优势，成功概率大，应当把握国家创新发展的大好机遇，走出高校院所，领办创办科技企业，推动科技成果更好地转化为造福社会、造福人民的产品和服务。

三、坚持初心、勇于攀登，担负起科技创新历史使命

国家的需要就是青年科技人才的责任和使命，青年科技人才要勇敢地挑起这个重担，遵循科技发展规律，积极进取、勇于探索、不断创新。核心技术突破不是一项技术突破，而是众多产业众多核心技术的突破。研究表明，核心技术是经过多年技术创新积累的成果，要突破这些核心技术，需要开展持久的技术创新活动。只有建立强劲有力的技术创新机制，才能有效推动核心技术的突破，让青年科技人才的创造力竞相迸发。

（一）坚持追求科学的理想初心

青年科技人才攀登科技高峰的根本动力是他们自身的远大理想，很多青少年的人生理想和职业选择是成为科学家。当前，随着国家经济社会快速发

展，年轻人的收入大幅提高，有更加体面的职业选择，而从事科研工作则是一条充满着竞争、压力和创新不确定性的崎岖之路。为什么选择这条崎岖之路以及是什么能够支撑他们不断继续前行，这是在青年科技人才脑海中经常出现的问题，也是事关工作的意义和人生价值的核心问题。让青年科技人才选择科研道路并激励他们继续前进的是科学理想，而崇高的理想也要通过艰苦努力和顽强拼搏来实现。这是中华民族的宝贵精神财富，也是中国科学家的光荣传统。中华人民共和国成立之初，无数爱国科学家回到百废待兴的祖国，为国家的科学事业而奋斗；20 世纪 60 年代初，中国科学家靠自己的双手创造出"两弹一星"的伟绩，让中国人真正挺起脊梁；改革开放后，中国的科技从学习、跟跑走向并跑、领跑，如高铁、通信、互联网电商领域。当代青年科技人才不仅要坚持爱国奉献、艰苦奋斗的精神，还要继续把这种精神不断传承给下一代。

（二）勇于深耕交叉学科领域

人类对生存发展方式的新探索和对生产力发展的新追求是技术革命的主要动力。20 世纪以来，科学与技术的联系更加紧密，相互依赖、相互促进，其特点是在某些领域率先突破，进而引发其他领域的大规模创新和产生新兴的交叉领域。从科学发展史可以发现，每一次学科交叉都会给人类带来新的技术机遇，不同学科之间的交叉和互动将成为一种趋势，因为交叉学科更容易发现新问题。未来的技术创新依赖于不同学科之间的相互作用。如今，人工智能领域的技术突破得益于技术的交叉融合，学科跨界是一种趋势。因此，青年科技人才要深耕交叉学科领域，遵循科技创新的规律，从科学构想、基础研究、应用研究、放大研究、中试开发到工业化的诸多过程，既要深耕基础研究，又要注重各个环节的交叉融合。我国科技创新体系中包括高校、科研院所和企业，因此需要完善的科研体制和宽松的科研环境，需要多领域、多层次的学术交流与合作，只有发挥各自优势，统筹科技资源，重视基础研究，瞄准关键核心难题联合攻关，才能涌现一批重大原创性科技成果，在多个领域成为世界的"领跑者"。

（三）善于破解关键瓶颈

创新是对现有知识或方法的突破。在获取新思想、新方法、新发明的过程中，必然会经历许多困难甚至失败。创新的过程是复杂而艰难的，创新意味着进入陌生的领域，意味着改变和创造，创新可能来自一瞬间的灵感迸发，但这一瞬间的灵感是之前长期积累、艰辛探索、冥思苦想的结果。要把灵感转化为实实在在的创新成果，还需要艰辛的探索和不懈的努力，而艰辛探索和不懈努力的背后，是一种不畏艰难、迎难而上的精神。事实上，创新是在前人劳动成果基础上的进步和发展，只有充分了解和掌握前人的成果，才有可能取得突破性的认识和成果。学习和掌握前人成果的过程是知识积累和储备的过程，这一过程是漫长的，容不得半点虚假，更不能急于求成。只有知识积累和储备达到一定程度，真正学到前人成果的精髓，创新才能水到渠成。

许多科学家的诸多重大发现和发明是在非常艰苦的条件下产生的。突破瓶颈，既要有钻研精神，也要巧用新方法。科研上遇到的瓶颈无时不在，青年科技人才要坚持不懈地攻坚克难，从其他学科中得到启发；要有意识地转换角色，兼顾科学家和企业家的视角，尝试通过一些非理论的方法解决，通过与客户协作共同突破科研瓶颈。实践证明，用新技术解决老问题是攻克科研难题的有效手段。青年科研人才应擅长发挥团队的力量共同解决问题，善于运用智慧和团队力量，要有团队合作精神，互相合作、取长补短。解决瓶颈问题更加需要新的科学思想、科学理论、科学方法，需要青年科技人才的献身精神和长久的学术积累，需要其在既定的时间内做出积极的努力。

（四）积极推进校企协同创新

在三类核心技术中，我国缺乏原理学习、理论创新、实验验证的高校PRCT人才，更缺乏试错式学习、持续积累的企业 PLCT 人才，特别是掌握核心技术关键点、创新能力强、突破技术瓶颈的人才不多。所以，要通过校企之间的合作来挖掘"产学研"全过程自主创新的深度和精度，要找准最容易被其他国家卡住的核心技术和产业领域，"优中选优、重点突破"，组织技术攻关，充分发挥政府在科研创新中的主导作用。加强高校源头创新供给，充分发挥龙头大企业在核心技术创新中的主力军作用。加大政府对科技研发的投资，企业必须重视培养和锻炼优秀的核心技术人才与团队，攻关突破核心技术，这样才能在激烈的国际竞争中立于不败之地。以核心技术能力突出、集成创新能力强、引领重要产业发展的创新型企业为重点，培养出一批创新型的企业家，努力推进从产业需求到技术开发再到基础研究的多层面合作，实现从基础研究到技术应用的全线对接。

2

第二章

新时代背景下青年科技人才激励理论

第一节   激励概念界定

一、激励概述

缺乏激励是我国企业技术创新能力不足的关键原因。所以，要真正提高我国企业技术创新能力需要调动青年科技人才的创新积极性，制定科学合理的激励机制。解决激励问题要研究的问题很多，关键一点是要真正了解青年科技人才的需求。因为需求产生动机，动机驱动行为，行为则会直接影响绩效。此外，还要借鉴经济学的激励制度设计理论。

"激励"一词是一个心理学术语，是指激发人的行为动机的心理过程，就是通过各种客观因素之间的刺激，引发和增强人行为的内在驱动力，使人达到兴奋状态，从而将外界刺激转化为个人的自觉行动。激励通过调整外部因素来调动内部因素，可以使被激励者的行为朝着提供激励者所期望的方向发展和变化。激励包含满足需求、激发动机和引导行为三层含义，因此激励基于需求，需求引发动机，而动机驱使人去寻找目标。当人有一些暂时得不到满足的需求时，就会产生焦虑和紧张的心理状态，形成一种内在的驱动力，即动机，促使个体寻找满足需求的目标并采取行动。需求得到满足之后，紧张和焦虑会被消除，但随后又会产生新的需求，进而产生新的动机和行为，如此不停地进行循环。激励正是利用了这一心理过程，在分析人的需要的基础之上，不断激发和引导人们产生实现组织目标所要求的行为。所以从狭义而言，激励就是一种刺激。适当的外部健康刺激能使个人完成目标的行为处于高度激活状态，从而最大限度地发挥人的潜力，去实现组织的目标（见图2-1）。

依靠领导	健全制度	营造文化	给予机会
• 做出榜样	• 考核制度	• 企业精神	• 职业发展
• 充分沟通	• 分配制度	• 企业目标	• 持续培训
• 善用表扬	• 晋升制度	• 企业风气	• 参与管理
• 真挚情感	• 奖励制度		

图 2-1　激励体系

二、激励的定义

管理理论的专业术语"激励"一词对应的英文是"Motivate"（动词形式）。"Motivate"一词来自拉丁语，有两层含义：一是提供一种行为的动机，即诱导、驱使之意；二是通过特别的设计来激发学习者的兴趣，如教师可以通过一系列教学管理措施与课程设计来规范和引导学生的学习行为。相应地，"Motivation"（名词形式）有三种含义：一是指被激励（Motivated）的过程；二是指一种驱动力、诱因或外部的奖酬（Incentive）；三是指受激励的状态。本书中使用的激励一词，时为动词词性，时为名词词性，两种词性的含义是密切相关的。本书中对激励的定义：所谓的激励，就是组织之间通过设计适当的外部奖励形式和工作环境，采取一定的行为规范和惩罚性措施，以信息沟通为手段，激发、引导、维持和规划成员行为，从而有效地实现组织目标及其成员个人目标的系统活动。这一定义包括以下几个方面：①激励的出发点是满足组织成员的各种需求，即通过系统地设计适当的外部奖励形式和工作环境来满足企业员工的外部和内部需求。②科学的激励工作需要奖罚并举，既奖励员工符合企业期望的行为，又惩罚其不符合企业期望的行为。③激励贯穿于企业员工工作的全过程，包括对员工个人需要的了解、对员工个性的把握、对员工行为过程的控制和对员工行为后果的评价等。因此，激励工作需要耐心。④信息沟通贯穿于激励工作的全过程，从对激励制度的宣传、对企业员工的了解，到对员工行为过程的控制和对员工行为后果的评价等，都依赖于一定的信息沟通。企业内部的信息沟通是否通畅、及时、准确、全面，直接影响着激励制度的应用效果和激励工作的成本。⑤激励的最终目的是在实现团队预期目标的同时，也能让团队成员实现其个人目标，以便达到团队目标和员工个人目标在客观上的统一。

第二节　管理学的激励理论

20 世纪初，有管理学家、心理学家和社会学家从不同的角度研究了怎样激励人的问题，并提出了相应的激励理论。激励理论已经形成比较完善的体系。

这种激励理论侧重于对人的共性分析，服务于管理者调动生产者积极性的需要，以弥补弗雷德里克·温斯洛·泰勒提出的科学主义管理在人的激励方面存在的严重不足。管理学的激励理论以心理学中的人性假设作为理论构建的前提，并在此基础上研究激励问题。自 20 世纪初以来，激励理论经历了从单一刺激到满足多种需求、从激励条件的泛化到激励因素的阐明、从激励的基础研究到激励过程的探索的历史演变过程（吴云，1996）[①]。

一、多因素激励理论

多因素激励理论是通过研究人的心理需求来形成激励的基础理论，它侧重于研究激励诱因和激励因素的具体内容。其代表理论有：马斯洛的需求层次理论、奥尔德弗的 ERG 理论、麦克利兰的成就需要理论、梅奥的"社会

---

① 吴云.西方激励理论的历史演进及其启示［J］.学习与探索，1996（6）:88-93.

人"假设、赫茨伯格的激励因素—保健因素理论（也叫作双因素激励理论）。马斯洛的需求层次理论认为人的需求有五个层次：生理、安全、社交、尊重和自我实现。生理需求：饥饿、干渴、栖身、性和其他身体需求；安全需求：保护自己避免受生理和心理伤害的需求；社交需求：爱、归属、接纳和友谊；尊重需求：内部尊重因素，如自尊、自主和成就，外部尊重因素，如地位、认可和关注；自我实现的需求：追求自身能力极限的一种内在驱动力，包括成长、充分发挥自己的潜力、实现自我。这五个层次就像一座从低到高的阶梯。每当一个层次的需求得到满足，就会转向另一个层次的需求。马斯洛的需求层次理论表明，针对人的需求实施相应激励是可能的。但是激励人们努力的方式不应该是单一的，当物质激励提供的激励效果比之前下降时，就应增加精神激励的内容。要根据每个人的不同需求和不同的社会环境设计相应的激励方案。

以马斯洛需求层次理论为基础，西方管理界确立起这样一种激励模式：需要→目标→动机→行为 + 绩效→奖酬→满足→积极性。这样，西方激励理论以梅奥的"人群关系理论"为起点，以马斯洛的需求层次理论为终点，在激励手段上实现了由单一金钱刺激到满足多种需求的演变。耶鲁大学的奥尔德弗重组了马斯洛的需求层次，使之和实证研究更加一致。经他修改的需求层次称为 ERG 理论。奥尔德弗认为有三种核心需要：生存（Existence）的需要、相互关系（Relatedness）的需要和成长发展（Growth）的需要，所以称之为 ERG 理论。第一种生存需要涉及满足我们基本的物质生存需要，包括马斯洛所说的生理需求和安全需求。第二种相互关系的需要是维持重要的人际关系的需要。要满足社会地位的需要就必须与他人交往，这对应了马斯洛的社交需求和尊重需求的外在部分。第三种成长发展的需要包括马斯洛的尊重需求的内在部分和自我实现需求的一些特征。除了用三种需要代替五种需求之外，奥尔德弗的 ERG 理论与马斯洛的需求层次理论还有些不同，比如 ERG 理论也证实了多种需要可以同时存在；如果高层次需求得不到满足，那么满足低层次需求的愿望会更强烈；不一定要先满足低层次的需求，再满足高层次的需求。随后，赫茨伯格针对满足职工需求的效果提出了双因素激励理论，他认为个人与工作的关系是一种基本关系，个人对工作的态度在很大程度上将决定其成败。根据赫茨伯格的观点，带来工作满足感的因素和导致工作不满足感的因素是不相关的，也是完全不同的。如果管理者试图消除导致工作不满意的因素，可能会带来平衡，但不一定有激励作用。他们可以安抚员工，但不能激励员工。赫茨伯格把诸如公司政策、监督、人际关系、工作环境和薪酬这样的因素称为保健因素。当具备这些因素时，员工没有不满意，但是他们也不会有满意感。

如果公司想要在工作中激励员工，赫茨伯格提出要强调成就、认可、工作本身、责任和晋升，这些是内部奖励和激励因素。麦克利兰认为人有三种基本需求：成就需求、权力需求、亲和需求。该理论得出的主要结论是：第一，成就需求高的人更喜欢有个人责任感、能获得工作反馈和适度冒险的环境。具备了这些特征，成就需求高的人的激励水平就会非常高。例如，大量证据表明，成就需求高的人更容易在创造性演讲中取得成功。第二，成就需求高的人不一定就是一个优秀的管理者，尤其在一个大组织中。成就需求高的人感兴趣的是他们如何做好自己，而不是如何影响其他人。第三，权力需求与管理者的成功有密切关系。优秀的管理者有权力需求与亲和需求。有观点认为，有权力的职位是高权力动机的重要刺激因素。第四，已经有成功的方法可以训练员工激发自己的成就需求。如果工作需要成就需求高的人，管理者可以选拔具有高成就需求的人，也可以通过成就培训来开发原有的下属。麦克利兰的成就需要理论对激励具有高目标值的企业家或经理人员具有重要的指导意义。

二、行为改造理论

行为改造理论被认为是激励目的理论。著名心理学家斯金纳（B. F. Skinner）提出了操作性条件反射理论，他通过一系列的实验，在经典的刺激—反应式应答性行为（S 型条件反应）的基础上，建立了更加适合人类行为分析的现代刺激—反应式操作性行为（R 型条件反应），即操作性条件反射理论。该理论认为，人的行为是对外界环境刺激的一种反应，只要外界的操作条件被创造和改变，人的行为就会发生相应的变化。这一理论的意义在于保持那些有积极和愉快结果的行为，通过改变环境来减少或消除那些有消极和不愉快结果的行为。20 世纪 80 年代以来，不少学者对行为改造理论提出新的要求，希望将环境设计技术与道德约束相结合，从而使激励方式多样化。

三、过程激励理论

过程激励理论着重研究人的动机形成和行为目标的选择。最有代表性的是维克托·弗鲁姆（Victor H. Vroom）的期望理论、亚当斯（J. S. Adams）的公平理论以及波特和劳勒的综合激励模型等。这些理论研究表明：根据人们的行为动机以及目标设定，将个人需求、期望与工作目标结合起来，可以充分调动和发挥生产者的主动性和创造性。亚当斯认为员工会把自己的投入和产出与其他人的投入与产出进行比较，来判断是否公平。一旦察觉到有不公平现象出现，员工就会进入一种紧张状态，这种消极的紧张关系可以激励员工采取行动来纠正这种不公正的行为。员工选择的参考物使公平理论更复杂。证据表明，所选择的参考物是公平理论中的一个重要变量。员工可以选择的参考物主要有：自我—内部，即员工在当前组织中不同岗位上的经历；自我—外部，即员工在当前组织以外的职位或情景中的经验；别人—内部，即员工所在组织中的其他人或群体；别人—外部，即员工所在组织以外的其他人或群体。所以员工可能把自己与朋友、邻居、同事或其他组织中的成员相比较，也可以与自己过去的工作经验相比较。员工采取哪一种参照比较方式，不仅受到他们所掌握的关于参考人的信息的影响，而且受到参考人的吸引力的影响。相比之下，一般有四个中介变量：性别、任职期、在组织中的职位以及受教育程度或专业程度。在当前组织中任职时间短的员工可能对组织中的其他人了解不多，所以他们依靠自己的个人经历，但任职时间长的员工更容易与同事进行比较。高层次的员工，如受教育程度较高的人员和专业技术人员，可能会掌握更多关于其他组织中成员的信息，所以这类员工多作外部比较。基于公平理论，当员工感到不公平时，会采用以下六种选择中的一种：改变自己的投入；改变自己的产出；改变自己的认知，如以为自己在以中等速度工作，意识到自己比其他人工作更努力；改变对其他人的看法；选择另外一种不同的参照对象；离开目前的工作场所，如辞职。公平理论认为，个人不仅关心自己付出额外努力所获得的回报的绝对数量，也关心自己的报酬与其他人的报酬关系。当人们感到自己的投入产出与其他人的投入产出不平衡时，就会感到紧张，这种紧张感又会成为他们追求公平和公正激励的动力。

维克托·弗鲁姆对于如何提高激励因素的激励力，提出了期望理论，他认为，某一行动成果的绩效以及期望概率，即职工认为某一行动成功的可能性，这两者直接决定了激励因素的作用大小。这一理论的基本思想是：只有当人们预期自己的行为将有助于实现某一目标时，他们才会有充分的动力采取行动来实现这一预期目标。在此基础上，美国的波特和劳勒在 20 世纪 60年代末建立了期望激励理论模型。期望激励理论认为，激励力的大小取决于各种变化因素，涉及有关各方对工作的报酬及相关影响的认可和评价。这一理论表明了工作中所包含的内在激励的重要性，在其他条件同等的情况下，把一项工作交给内在激励价值高的人比交给内在激励价值低的人会产生更大的激励效果。亚当斯的公平理论强调工作报酬相对公平的重要性，认为同等的报酬不一定具有同样的激励效果，只有通过对他人的投入进行比较，才能知道同等报酬是否具有相同的激励效果。如果激励机制的设计违背了公平原则，就会导致激励效果的下降。举个例子，如果在同一个单位工作，懒惰的人和勤奋的人工资一样，结果只能是大家都变得懒惰。因此，为了提高报酬的激励效果，提高激励效果的唯一途径就是让那些投入更多的人获得相对较高的报酬。

四、综合激励模式理论

综合激励模式理论是由罗伯特·豪斯（Robert House）提出的，主要是将上述激励理论综合到一起，兼顾内部和外部的激励因素。内在的激励因素包括：提供任务本身的报酬、对任务是否能完成的期望值以及完成任务的效价。外在的激励因素包括：完成任务所带来的外在报酬的效价，如加薪、提级的可能性。综合激励模式表明，激励的强度取决于许多激励因素的相互作用。

五、知识型员工的激励理论

著名管理大师彼得·德鲁克对如何管理知识型员工、激励知识型员工提高工作效率进行了大量的研究，为相关研究提供了良好的理论指导。彼得·德鲁克在《21世纪的管理挑战》①一书中论述了知识型员工的生产力问题，他指出：知识是一种高品位资源，知识型员工是宝贵的财富，知识型员工必须被视为资产而不是成本，管理的重要任务就是保全这种资产并发挥其作用；管理者应该指导知识型员工做出更多的贡献而不仅是强调让其付出更多的努力，这是提高知识型员工生产效率的关键，因此必须鼓励知识型员工将持续创新作为其工作职责和任务的重要组成部分；现代社会知识信息瞬息万变，必须要激励知识型员工持续不断地学习，这样才能适应不断变化的环境的要求；知识型员工在工作中应该拥有自主权，一方面要鼓励他们对自己的工作产出负责，另一方面他们在工作中应该有充分的自主权。因此，管理者必须帮助知识型员工排除干扰因素，使他们能够专注于自己的专业任务，琐碎重复的日常工作应该交给专门的办事员去办理。

著名知识管理专家玛汉·坦姆仆的知识型员工激励模型则进一步研究了知识型员工的具体激励因素和机制。玛汉·坦姆仆通过对322名管理人员、

---

① 彼得·德鲁克.21世纪的管理挑战［M］.朱雁斌，译.北京：机械工业出版社，2018.

研究人员及辅助人员等进行了大量的调研，总结了知识工作的主要特点，并研究了知识型员工的主要激励因素，并在此基础上建立了知识型员工激励模型。玛汉·坦姆仆认为，知识工作具有以下主要特点：①工作过程难以观察；②工作成果不易衡量；③工作的顺利进行依赖知识型员工充分发挥自主性；④知识型员工往往是某一领域的专家，而管理者在这些领域往往是外行；⑤知识型员工对组织的依赖性低，组织与知识型员工之间存在相互需要的关系。由于知识工作的特点，如何在知识社会激励员工就显得尤为重要。

对于怎样有效激励知识型员工，玛汉·坦姆仆在实证调研的基础上提出了专门针对知识型员工的四个主要激励因素，即个体成长、工作自主、业务成就、金钱财富。该研究还根据调查数据对这四个主要激励因素的重要性进行了排序，其结果是：个体成长占33.74%，工作自主占30.51%，业务成就占28.69%，金钱财富占7.06%。玛汉·坦姆仆的理论认为，与其他类型的员工相比，知识型员工更注重能够促进其持续发展的挑战性工作，他们对知识以及个体和事业的成长有着持续不断的追求；他们要求拥有自主权，这样他们就可以用自己认为有效的方式工作并完成任务；与成长、自主和成就相比，金钱的边际价值已经退居相对次要的地位。在此基础上，玛汉·坦姆仆总结出知识型员工的激励模型，此激励模型主要提出以下激励机制：培养员工的工作成就感、培养员工的工作能力和创造性、为员工创造有利的工作环境、使员工建立明确的目标观念、为员工提供知识与信息的充分交换。

另外，经过三年的合作研究，安盛咨询公司与澳大利亚管理研究所分析了澳大利亚和日本多个行业的858名员工（其中包括160名知识型员工）后列出了知识型员工的激励因素。名列前五位的激励因素分别是：报酬、工作的性质、提升、与同事的关系、影响决策。

　　管理学的激励理论为管理者在管理过程中有针对性地对青年科技人才实施个性化激励提供了必要的理论支持和对策思路。但是，关于管理激励对不同类型被激励对象行为的影响缺乏实证研究。从根本上说，经典的激励理论是建立在人的心理特征和行为特征的基础上的。特别是马斯洛等提出的"需求"概念及其创造性的阐述在激励研究史上具有里程碑意义。只有有了需求，才能形成现代激励理论，因此，"需求"成了我们透视现代激励理论的窗口以及分析问题的钥匙。但是，经典激励理论本身也存在一些难以解决的矛盾，尤其是"需求"这个概念，人的心理需求是难以观察、评估和衡量的，属于内生变量。同时，心理特征必然因人、因时、因事而异，并处于动态变化中，导致各种激励方法实施的可重复性差，因此难以把握。随着人们对于激励条件的适应性不断增强，任何激励因素都会变成保健因素，导致管理组织中激励资源的稀缺性和激励因素的刚性之间产生严重的冲突。

　　从管理学的激励理论中可以得到这样的启示：在关注企业人才激励时，要考虑人才对成就、权力和归属的不同需要，并为其提供相应的工作环境和目标。具有高成就需求的人才适合从事具有创新性和挑战性的技术创新工作，适度地挑战有利于激励他们去努力工作。在数字化时代，整个社会的发展日益多元化，不再有统一的模式或格局。社会的多样化是基于人的多样性和人的个性的充分发展。现代关于激励的相关研究迫切需要走出传统的需要理论的认知框架，从新的领域和视角进行研究。在国家创新体系的建设中，如何有效地促进技术创新，青年科技人才激励是研究的重点。

第三节   经济学的激励理论

激励问题的一个重要层面是规范的制度安排和运行机制设计。前文的制度理论所讲的制度激励主要是从宏观层面上来论述的，下面的内容主要是从微观角度论述企业制度安排对人才的激励。

经济学中的企业激励理论是在经济理论引入企业管理后发展起来的。哈特（Hart，1998）认为该理论存在着明显的缺陷，即它完全忽略了企业内部的激励问题。[①]20 世纪 30 年代，经济学家开始关注被传统经济理论所忽视的企业内部管理效率问题，并认识到激励的重要性。与管理学研究人的多种需求的激励不同，经济学以经济人为出发点，以利润最大化或效用最大化为目的来研究激励。20 世纪五六十年代，企业管理者的多目标模型开始流行，鲍莫尔（Baumol，1959）、马利斯（Marris，1964）和威廉姆森（Williamson，1964）分别提出了企业最小利润约束下的销售收入最大化模型、最小股票价值约束下的企业增长最大化模型、最小利润约束下的管理者效用最大化模型。[②]这些模型从不同的角度表达了拥有控制权的管理者与拥有所有权的股东之间的利益目标差异，并提出了代理企业中如何激励管理者以满足股东利益目标的新问题。20 世纪 70 年代末，经济学研究激励问题取得了突破性进展。

---

①② 转引自：李春琦，石磊.国外企业激励理论述评 [J].经济学动态，2001（6）:61-66.

一方面由于威廉姆森等对交易费用理论的发展，另一方面由于信息经济学、契约理论或委托代理理论在微观经济学领域的突破以及现代企业理论的飞速发展，激励问题成为其中非常重要的研究课题。经济学的企业激励理论主要从交易费用理论、产权理论、委托代理理论等角度分析企业的激励问题，重点是如何设计一种有效的机制或契约来激励代理人。

一、团队生产理论

团队生产理论是激励理论的重要成果之一。阿尔奇安和德姆塞茨（Alchian & Demsetz, 1972）[①] 提出了"团队生产"理论，认为生产要素所有者组成了一个经济组织，在这样一个团队里每个成员的边际产品无法区分，因为其向市场提供的是整个团队的产品。团队成员在团队生产中难免会出现偷懒行为，从而影响了整个团队的生产效率，因此需要监督团队成员的投入行为。反过来，监督者的行为又很难被团队成员所监督，为避免监督者也出现偷懒行为，最有效的手段就是让监督者得到额外的激励，即得到剩余索取权。霍姆斯特姆（Holmstrom，1982）证明了团队生产中的偷懒问题可以通过适当的激励机制解决。[②] 麦克阿斐和麦克米伦证明，在适当的条件下，最优工资合同是团队产出的线性函数，他们的模型中不仅考虑了团队工作中的道德风险问题（努力程度不可观测），而且考虑了团队工作中的逆向选择问题（能力不可观测）。[③]

① 　Alchian A A , Demsetz H . Production, Information Costs, and Economic Organization ［J］. IEEE Engineering Management Review, 1972, 62（2）:777-795.
② 　转引自：刘兵，张世英.企业激励理论综述与展望［J］.中国软科学，1999（5）:22-24.
③ 　转引自：万云南.西方激励理论的发展概况［J］.科技成果管理与研究，2008（9）:50-52，59.

霍姆斯特姆和米尔格罗姆证明，当一个代理人从事多项工作时，任何给员工工作的激励不仅取决于该项工作本身的可观测性，还取决于其他工作的可观测性。[①]另外，泰若勒建立的多个代理人模型证明，合谋的可能性会给企业带来额外的费用；伯恩海姆和惠因斯顿提出的多个委托人模型发现，多个委托人之间缺乏协调会降低管理的效用。[②]

二、委托—代理理论

1976 年，詹森（Jensen）和麦克林（Meckling）在《公司理论：管理行为、代理成本与产权结构》[③]一文中，使用"代理成本"概念，提出了与上述交易费用理论相类似的观点，认为"代理成本"是企业所有权结构的主要因素，让经营者成为完全剩余权益的拥有者，可以降低甚至消除代理成本。由威尔逊（Wilson，1969）、罗斯（Ross，1973）、米尔利斯（Mirlees，1974）、霍姆斯特姆（Holmstom，1979）以及格罗斯曼和哈特（Grosman & Hart，1983）等开创的委托—代理理论，是现代企业激励理论的核心。[④]这一理论采用抽象的数学方法进行研究，其中案例中包含了关于由逻辑推论和数学证明所得假设的详尽阐述。该理论一般先假定委托人行为的效用函数，再假设一些约束函数，最后选择激励方案，使信息决策、契约履行、奖惩融为一体。

---

① 转引自：郝辽钢，刘健西.激励理论研究的新趋势［J］.北京工商大学学报（社会科学版），2003，18（5）:12-17.
② 转引自：马玥.企业激励理论研究综述与展望［J］.云南财贸学院学报（社会科学版），2005，20（3）:90-92.
③ Jensen M C，Meckling W H.Theory of the Firm:Managerial Behaviour，Agency Costs and Ownership Structure［J］.Journal of Financial Economics，1976，3（4）:305-360.
④ 转引自：张跃平，刘荆敏.委托—代理激励理论实证研究综述［J］.经济学动态，2003（6）:74-78.

威尔逊和罗斯最早构建了委托人—代理人模型。信息不对称是产生委托—代理问题的原因。非对称信息可分为两类：一类是外生的非对称信息，它是指自然状态所具有的一种特征、性质和分布状况，这不是由交易人所造成的，而是客观事物本来所具有的；另一类是内生的非对称信息，它是指在契约签订以后，其他人无法观察到的、事后也无法推测的行为。阿罗把这种信息不对称分为隐性行动和隐性信息两大类。信息不对称也可以从时间和内容上来划分。研究事前当事人之间博弈的信息不对称模型叫逆向选择模型，研究事后非对称信息的模型称为道德风险模型；研究不可观测行动的模型称为隐藏行动模型，研究不可观测知识的模型称为隐藏信息模型。[①]格罗斯曼和哈特构建了一个完整的道德风险模型，为相关文献提供了一个全面的解释。[②]艾克洛夫构建了一个逆向选择问题研究的分析范式；威尔逊对艾克洛夫的逆向选择模型进行了更深入的分析。[③]20世纪80年代以来，经济学将动态博弈理论引入委托—代理关系的研究之中，论证了在重复委托—代理关系的情况下，竞争、声誉等隐性激励机制可以起到激励代理人的作用，从而丰富了长期委托代理关系中激励理论的内容。由克雷普斯等（Kreps & Wilson，1982；Milgrom & Roberts，1982）提出的声誉模型，解释了静态博弈中难以解释的"囚徒困境"问题。[④]当参与者之间只进行一次性交易时，理性的参与者往往会采取机会主义行为，通过欺骗等手段追求自身效用最大化目标，其结果只能是非合作均衡。但是，当参与者重复多次交易时，为了获取长期利益，参与者通常需要建立自己的声誉，在一定时期内可以达到合作平衡。法玛（Fama，1980）的

---

① ②　转引自：朱丽娅.构建全面的管理者道德风险防范体系［J］.湖南社会科学，2010，137（1）:129–132.
③　转引自：张维迎.博弈论与信息经济学［M］.上海:上海人民出版社，2004.
④　转引自：夏天，叶民强.双头企业模型战略联盟决策的稳定性研究——不完全信息条件下KMRW声誉模型的博弈分析［J］.科技管理研究，2006（6）:186–188，200.

研究表明，在竞争性经理市场上，经理的市场价值取决于他们过去的经营业绩，从长期来看，管理者必须为自己的行为承担全部责任，即使没有明确的激励合同，经理也会努力工作，因为这样做可以提升其在经理市场上的声誉，从而提升其在未来的收入。[①]霍姆斯特姆（Holmstrom，1982）将上述思想模型化，形成代理人声誉模型。[②]这一机制的作用在于，管理者的工作质量能够反映其工作时的努力程度和其工作能力的强弱，绩效不佳的管理者不仅内部提升的可能性下降，而且其被其他企业重用的概率也会减弱。因此，在外部压力下，经理意识到懒惰可能会对其未来的职业发展不利。20 世纪 80 年代末，在格罗斯曼和哈特（1988）、哈里斯和雷维夫（Haris & Raviv，1988）研究的基础上发展了证券设计理论，建立了有关股票与剩余索取权相匹配的模型，认为证券是公司控制的有效手段。[③]经理激励的重要手段之一在于经理选择权的安排；把控制权与企业绩效相联系是激励有控制权欲望的经理提高其经营业绩的重要条件。20 世纪 90 年代，主要集中于研究经理报酬对经营业绩的敏感性以及企业股本价值变动与总经理报酬变动之间的统计关系。

三、人力资本理论

在传统经济学中，资本通常与物质联系在一起。认为资本是一种投资的

---

① 转引自：杨善林，王素凤，李敏.国有企业经营者负激励机制设计——"油锅合同"模型解析［J］.财经研究，2005（9）:114-123.

② 转引自：张跃平，刘荆敏.委托—代理激励理论实证研究综述［J］.经济学动态，2003（6）:74-78.

③ 转引自：王群，刘耀中.不同工作中心度员工的有效激励因素初探［J］.经济论坛，2005（19）:76-79.

物品，可以重新配置生产以满足人们需求的商品或服务。英国古典经济学家威廉·配第（William Petty）在 1676 年，就把作战中军人、武器和其他军械的损失与人的生命的损失做了比较，这被认为是首次严肃地运用了人力资本概念。亚当·斯密（Adam Smith）在《国富论》一书中曾指出，在社会的固定资本中，可提供收入或利润的项目，除了物质资本外，还包括社会上一切人民学得的有用才能。他认为，学习一种才能须受教育，须进学校，须做学徒，这种才能的学习花费不少，这种花费的资本好像已经实现，并且固定在其人格之上，这对于个人而言，固然是财产的一部分，对于其所属的社会亦然。[①] 他把在教育或培训上的支出视为一种可以赚取利润的投资。他把劳动者技能的增强视为经济进步的源泉，并论证了人力资本投资和劳动者技能如何影响个人收入和工资结构。德国历史学派先驱弗里德里希·李斯特（Friedrich List）在《政治经济学的国民体系》[②] 一书中，批判了古典学派将体力劳动看作唯一生产力的观点，提出必须区分两种资本，即物质资本和精神资本。他认为，人类的物质资本是由物质财富的积累形成的，而精神资本则是智力成果的积累。他所说的精神资本在某种程度上接近于当代西方经济学家所使用的人力资本概念。新古典经济学家马歇尔在《经济学原理》一书中多次提到人对经济发展的作用，指出："所有的投资中，最有价值的是对人本身的投资。"[③] 他对人力资本做了初步界定，认为人力资本是由知识和组织权威组成的资本。欧文·费雪（I. Fisher）在 1906 年出版的《资本和收入的性质》一书中提出人无疑是资本，专门阐述了人力资本的概念，"还明确而令人信服地提

① 亚当·斯密.国富论［M］.郭大力，王亚南，译.北京：中华书局，1949.
② 弗里德里希·李斯特.政治经济学的国民体系［M］.陈万煦，译.北京：商务印书馆，1961.
③ 马歇尔.经济学原理（上册）［M］.北京：商务印书馆，1965.

出了一个完整的资本概念"①。

以上这些经济学家从不同层面对人力资本进行了论述，但并未对这一问题进行深入研究。人力资本明确的概念是由舒尔茨（T. W. Schultz）首先给出的。在探索第二次世界大战后经济增长之谜时，舒尔茨发现仅从自然资源和实物资本及劳动力的角度，并不能解释第二次世界大战后经济增长的全部原因。他认为在对经济增长之源的研究中一定是漏掉了什么。舒尔茨放弃了新古典经济学关于资本同质和劳动力同质的假设，开始从质的视角审视经济增长之谜，指出这个缺失的因素就是人力资本。舒尔茨于 1960 年在美国经济学会年会上发表题为《人力资本投资》的演说中，第一次明确阐述了人力资本理论，使人力资本范畴进入主流经济学，同时进一步研究了人力资本形成的方式和途径，定量研究了教育投资收益率和教育对经济增长的贡献。舒尔茨通过对美国教育的实证研究指出，不同教育程度的人，在智力劳动方面的能力比是大学：中学：小学 =25 ： 7 ： 1，说明劳动者科学文化素质越高，劳动生产能力就越强。显然，具有较高科学文化素质的知识型员工，比普通员工具有更强的劳动生产能力。他指出，人力是社会进步的决定性原因，但是人力的获得不是没有成本的，人力的获得需要消耗稀缺资源，也就是说，需要消耗资本投资。只有通过一定的投资获得了知识和技能的人，才是所有生产资源中最重要的资源。因此，人力、人的知识和技能是资本的一种形态，我们把它称之为人力资本。人力资源作为一种生产能力，已经远超过了一切其他形态的资本生产能力的总和，对人的投资回报超过了对所有其他形成资本的投资回报。舒尔茨认为，人力资本是相对于物质资本或非人力资本而言的一种资本，只体现在人的身上，它是指人类自身在经济活动中获得利润并

① 舒尔茨.论人力资本投资［M］.吴珠华，等，译.北京：北京经济学院出版社，1990.

不断增值的能力，它可以表现为个人所具有的才能、知识、技能和资历。加里·贝克尔（Gary. S. Becker）进一步把人力资本与时间因素联系起来，在他看来，人力资本不仅意味着才干、知识和技能，而且还意味着时间、健康和生命。自 20 世纪 60 年代以来，学者利用人力资本理论来研究企业和个人的培训决策及其实践内容。随着人力资本中知识和技能的增长，个人将获得更高的报酬，拥有更多的就业和发展机会。企业也可以从中获得更大的利润，事实证明，人力资本不仅与企业绩效存在着显著正相关，还是企业生存和发展的关键性因素。人力资本对企业的技术创新起着决定性的作用，技术创新需要投入大量的物质资本，但最基本的还是人力资本，这就从理论上为青年科技人才提供了凭借其人力资本的所有权取得剩余索取权并参与企业利润分配的依据，人力资本理论是构建企业技术创新激励的重要理论依据。

西方经济学中激励理论的研究是随着企业制度的演化及对人力资本在财富创造中由从属地位向主导地位变化的认识深化而不断发展的。随着经济的发展，我们已经逐步走向知识经济社会，各类人力资本尤其是高级人力资本在企业财富创造中的地位日益提高，他们积极性的发挥直接影响企业财富的创造和企业的成败，而且在现代企业制度中，随着委托—代理问题越来越严重，经济学家开始关注人力资本的激励问题。现有的理论普遍揭示了企业的性质和信息不对称导致的激励与约束问题，但主要集中在对高层管理者激励与约束的研究上，没有充分讨论技术创新人力资本的激励问题，也没有对其激励机制进行设计，而其焦点在于如何使代理人的积极性发挥更大的作用，以消除或缓解委托—代理问题。此外，经济学的激励理论主要针对企业，由于其是通过严格的逻辑推理和数学模型发展起来的，因此为具体的企业激励制度设计提供了理论基础和设计理念，但其主要解决的是由于信息不对称而引起的委托—代理问题，缺乏对于激励青年科技人才技术创新的制度设计问题的相关论述。

国内关于激励理论的研究著述颇丰，取得了一些成果。周其仁、张维迎、魏杰、吴敬琏、钱颖一、魏云峰、张列平、罗辉等也对人力资本激励问题进行了论述，但他们的论述大多是关于对企业家、管理人员的激励，对于技术人才的专门论述很少。通过以上总结，我们可以看到，国外尤其是美国在激励理论方面已经形成系统性研究，并经历了几个不同的发展阶段。相对而言，我国的研究还处于初步的应用阶段，缺少理论总结和系统化研究，缺乏一定的深度和广度。学术界和企业界应该结合企业实际，系统总结国内外的研究成果和新趋向，形成基于青年科技人才技术创新激励理论和激励机制。解决激励问题有许多值得研究的重点，促进企业技术创新能力的青年科技人才激励机制是其中的一个着眼点。

经济学中关于企业的激励理论主要是从企业制度安排角度来论述的，是一种制度激励理论。制度激励与管理激励是人才激励不可或缺的两个层面，两者相互依存，相辅相成。一方面，经济行为，即在既定的制度环境约束下追求自身利益最大化，是人类行为中最基本、最普遍的表现形态。人力资本激励理论的首要任务就是遵循人力资本所有者的这种经济行为属性，设计和建立统一的、规范的、可操作的激励制度，并在企业范围内贯彻实施。而在所有的企业制度规划中，最根本、最核心的是产权制度，这就需要从企业所有权安排和公司治理结构的角度确立人力资本产权地位，保证其权能和权益的实现，即设计和实施相应的股权持有及激励计划。然后，在此基础上建立一系列绩效考核制度、奖励制度、关于企业文化、团队精神等方面的制度。无论是产权制度还是具体的规章制度，无论是正式的制度还是非正式的制度，它的建立和实施都要经过长期的互动博弈和潜移默化的积累。因此，制度激励是企业人力资本使用的一种长期稳定的根本性激励机制，它是企业管理者进行激励的重要手段之一。

另一方面，人又是复杂的社会动物，其行为因人、因时、因地而多样多变。在企业人力资本运营过程中，管理者面对的是现实的个体，人力资本的日常维护和激励机制必须因人而异，要激发每位员工的积极性，使其人力资本达到物尽其用的目的，从而为企业的生产经营做出贡献，这就是所谓的管理激励。相对而言，管理激励是企业人力资本使用的一种动态权变的日常性激励机制，它是制度激励的具体实现形式。

在企业人力资本运营的战略层面和操作实务中，制度激励与管理激励必须统一整合为一个完整的企业人力资本激励体系和运行机制，这为企业青年科技人才激励制度的设计和安排提供了坚实的理论基础。

第四节　企业青年科技人才激励理论的研究

对青年科技人才的激励研究大多包含对企业的知识型员工的研究，如玛汉·坦姆仆的知识型员工激励模型，也有专门对研发人员的激励研究，例如，通过分析研发的行为特征和高新技术企业的作用以及影响研发人员行为绩效的因素，提出了激励研发人员的措施，主要是物质激励（包括薪酬、股权、期股制度、福利制度）、精神激励（包括署名、职称、职位晋升、表扬）、技术激励（包括培训、技术指导、技术支持）、环境激励（包括工作环境、研究设备）等，比较全面地考虑了高科技企业研发人员的特点。刘春草等（2003）研究了非对称信息条件下企业研发人员的中长期报酬激励模式，认为中长期激励报酬包括货币收入和非货币收入，两者之间存在替代关系，并提出了非上市企业可采用技术股份、奖金、培训、提升等激励方式。[①] 朱少英等（2004）从产品创新的角度分析了激励措施，指出了企业与科研人员在利益目标上的非完全一致性，并构建了一个基于利益目标的组合激励模型，阐述了物质激励与精神激励的替代关系。[②]

文魁和吴冬梅（2003）以个体成长、工作自主、业务成就、金钱财富、人际关系为主要因素，研究科技人员对上述各种因素需求重要程度的看法及

---

① 刘春草，徐寅峰，孙利辉.非对称信息条件下企业研发人员中长期报酬激励模式研究 [J].预测，2003（4）:65-68.
② 朱少英，徐渝，何正文，冯锋.基于产品创新的科研人员组合激励研究 [J].科学学与科学技术管理，2004（5）:105-108.

其实际满意程度。[①] 五项因素的需求度依次为：个体成长、业务成就、金钱财富、工作自主、人际关系；五项因素的满意度依次为：业务成就、工作自主、个体成长、人际关系、金钱财富。结果表明，需求度与满意度之间存在一定的差距，并在此基础上提出了进一步完善人才激励机制的建议。此外，王炎坤等（1997）还从科技奖励的角度探讨了精神奖励和物质奖励之间的关系。[②]

这些理论和代表性激励方式既强调物质激励，又充分考虑青年科技人才的精神满足感。这不仅是因为青年科技人才的需求是多层次的，还因为非物质方面需求的满足往往是实现物质需求满足的一种途径。通过对比上述研究结果，可以看出，对青年科技人才的激励研究是镶嵌在对知识型员工的研究中的，并没有把青年科技人才单独作为一个群体进行研究，另外这些理论和具有代表性的激励措施大多是针对激励青年科技人才努力工作而言的，但努力工作并不代表着他们会努力创新，目前关于如何激励青年科技人才提升企业技术创新能力的系统研究还相对较少。本书以提高企业技术创新能力为出发点，提出了激励企业青年科技人才的相关措施。

---

① 文魁，吴冬梅.异质人才的异常激励——北京市高科技企业人才激励机制调研报告 [J].管理世界，2003（10）:110-114.
② 王炎坤，艾一梅，曾湖萍.科技奖励的精神奖励与物质奖励影响之比较 [J].科研管理，1997（2）:69-73.

第三章

新时代背景下青年科技人才激励机制

第一节　工作激励

一、相关激励理论

在经济发展的过程中，劳动分工与交易的出现带来了激励问题。行为科学认为，人的动力来源于需求，需求决定人的行为目标。激励作用于人的内在活动，激发、驱动和强化人的行为。工作激励理论就是将行为科学中用于处理需要、动机、目标和行为四者之间关系的核心理论运用到了人力资源管理领域。激励理论是现代组织薪酬管理理论的基础。人的行为取决于人的动机，而动机又源于满足需求的欲望。激励是指通过适当地满足或限制人的各种需求（惩罚性的逆向激励），以激发人的动机，改变人的行为，充分发挥人的积极性和潜力，在满足人的需求欲望的过程中实现组织的目标。

激励问题研究越来越受到组织管理者的重视，这是因为组织管理者了解员工从事劳动的内在动机并采取相应的激励机制，可以促使员工在最熟练、最富于创造性的状态下工作。激励理论认为，员工的绩效与能力和激励有密切的联系，三者之间的关系用公式表达为：绩效 =f（能力 × 激励）。

根据公式，工作绩效与员工个人能力和激励有关，其中激励是一个重要的因素，它决定着员工是否会按照组织的既定目标努力。如图 3-1 所示，激励是由个人需求出发，这些需求会促使个人采取行动并实现目标，组织通过绩效管理的方式和薪酬管理过程来为员工提供有效的反馈。一个优秀的组织管理者应该关注员工行为发生的原因、行为的运动方向以及行为的保持状态。现实中激励员工的因素有很多种，例如，有的员工比较看重收入，有的员工喜欢做具有挑战性的工作，等等。许多组织试图通过各种方式来激励员工努力工作，如实施奖金制度、鼓励员工多参加组织管理、增加员工福利等，其实本质都是为了满足员工的多种愿望和需求，激发员工的创造性和工作热情，从而保证组织可以取得更大的经济效益。

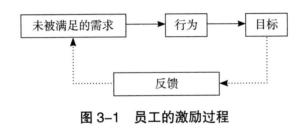

图 3-1 员工的激励过程

从研究内容来看，激励理论是比较宽泛的，不仅适用于组织薪酬管理，也适用于组织的所有管理工作。作为组织管理的有机组成部分，现代组织薪酬管理与激励理论密切相关。激励与回报之间是互为因果的，高收入是激励员工的一个重要手段。员工被激励以后，可以高质量地完成本职工作，还可以获得更高的劳动报酬。

第二次世界大战之后，激励理论得到了长足的发展，主要有两种研究模式：内容型激励和过程型激励。内容型激励研究模式主要集中研究人们行为的动因，说明什么原因会激励人们采取行动、管理人员该如何了解和激发员工的行为。有四种具有代表性的理论：马斯洛的需求层次理论、ERG 理论、麦克利兰的成就激励理论和赫茨伯格的双因素理论。过程型激励研究模式主要研究影响人们行为的因素之间的关联以及相互作用的过程。比较有代表性的理论包括期望理论、波特和劳勒提出的期望激励理论、亚当斯的公平理论等。尽管这些理论不断受到挑战，但它们仍是组织薪酬管理的主要理论依据。

（一）需求层次理论

马斯洛的需求层次理论是现代薪酬管理的基本理论。马斯洛假设每个人的需要都可以排列成 5 个层次的纵向需要结构，具体为：

（1）生理需求。对食物、水、空气和住房等需求都是生理需求。这类需求的级别最低，人们总是尽力满足这种需求，然后才转向更高层次的需求。当一个人饿的时候，他/她对其他任何事情都不感兴趣，其主要动机是寻找食物。即使在今天，仍然有很多人不能满足这些基本的生理需求。管理者应该明白，如果员工仍然忙于解决他们的生理需求，他们真正关心的问题就与他们所做的工作无关。基于这种假设，当管理者试图通过满足这类需求来激励下属时，可以通过增加工资、改善工作条件、给予员工更多的业余时间和休息时间、提高福利来激励员工。

（2）安全需求。安全需求包括对人身安全、生活稳定以及免遭痛苦、威胁或疾病等的需求。和生理需求一样，在安全需求没有得到满足之前，人们只关心这一种需求。对于很多员工来说，安全需求表现为工作环境安全而稳定，以及有医疗保险、失业保险和退休福利等。以安全需求为动机的人，在评估职业时，主要是把它作为满足自己基本需求的保障。如果管理者认为安全需求对员工来说是最重要的，他们应该在管理中利用安全需求，强调规章制度、职业安全和福利，保护员工免遭失业。如果员工的安全需求非常强烈，管理者在处理问题时就不应标新立异，应该避免或反对冒险，而员工将循规蹈矩地完成工作。

（3）社交需求。社交需求包括对友谊、爱情以及隶属关系的需求。当生理需要和安全需求得到满足后，社交需求就会突出地表现出来，进而产生激励作用。在马斯洛需求层次理论中，这一层次与前两个层次完全不同，如果社交需求得不到满足，就会影响员工的积极性，导致员工缺勤率高、生产力低、对工作不满、情绪低落。

（4）尊重需求。尊重需求分为内部尊重因素，包括自尊、自主和成就感，以及外部尊重因素，包括地位、认可和关注等。尊重需求不仅包括个人对成就或自我价值的满足感，还包括他人对自己的认可与尊重。有尊重需求的人希望别人接受他们的实际形象，并认为他们有能力胜任工作。他们关心的是成就、名声、地位和晋升机会。当他们得到这些时，不仅赢得了人们的尊重，而且就其内心而言，因为满足于自己的价值而充满自信。如果不能满足这类需求，他们就会感到沮丧。

（5）自我实现需求。自我实现需求主要指成长、发展、发挥自身潜能和实现理想的需求，是一种追求将个人能力发挥至极限的内在驱动力。达到自我实现境界的人，接纳自己也接纳他人，解决问题能力增强，自觉性提高，善于独立处事，要求独处不受打扰。

马斯洛将这五种需求划分为两种层次：一种是生理需求和安全需求，被称为低层次需求；另一种是社会需求、尊重需求和自我实现需求，被称为高层次需求。高层次需求使人从内部得到满足，低层次需求使人从外部得到满足。这些需求也可以区分为精神需求和物质需求两类。

需求层次理论是现代企业薪酬管理的基础理论。根据这一理论，不同的薪酬和福利待遇满足的是个人的不同需求。例如，基本工资、病假工资和退休金可以满足人们的基本生存需求；工作场合和工作条件的改善可以满足人们对安全的需求；社交和文体活动的开展有利于满足人们的社会交往需求；升职和出色的工作表现以及在组织中威信的提高，使人们得到满足和实现其个人价值。

（二）双因素理论

美国心理学家赫茨伯格在马斯洛需求层次理论的基础上，于1959年提出双因素理论。20世纪50年代末期，赫茨伯格和他的助手们在美国匹兹堡地区对200名工程师、会计师进行了调查。这次调查主要围绕两个问题：在工作中，有哪些事项是可以让他们感到满意的，并估计这种积极情绪能持续多久；有哪些事项是让他们感到不满意的，并估计这种消极情绪能持续多久。赫茨伯格以对这些问题的答案为材料，着手研究是什么让人们在工作中感到快乐和满足，是什么导致了不快乐和不满足。他要求被调查者在具体情境下详细描述他们认为工作中特别好或者特别差的情景。他把调查的内容进行归类分析，结果发现，人们对于工作感到满意和不满意的因素是完全不相同的。

调查结果显示，让员工感到满意的是工作本身或工作内容，让员工感到不满意的是工作环境或工作关系。他称前者为激励因素，后者为保健因素。这一发现使赫茨伯格对传统的观点"满意的对立面是不满意"做出了修正。赫茨伯格认为，这两种明显不同的因素是两个完全不同的连续统一体。满意的对立面是没有满意，而不是不满意；不满意的对立面是没有不满意，而不是满意。他又认为，凡是能够防止员工不满意的因素都是保健因素，只有那些能给员工带来满意的因素才是激励因素。

（1）保健因素。保健因素的满足对员工产生的效果类似于卫生保健对身体健康所起的作用。保健从环境中消除了对人健康有害的事物，它不能直接提高人的健康水平，但有预防疾病的效果，它不是治疗性的，而是预防性的。当一些工作条件不具备时，会引起员工的不满意，而具备这些条件后，并不能极大地激励员工。赫茨伯格在对184个案例的调查分析中发现，保健因素包括公司政策、管理措施、人际关系、物质工作条件、工资、福利、地位、安全保障、个人生活等。当这些因素恶化到人们认为可以接受的水平以下时，他们就会对自己的工作不满意。但是，当人们认为这些因素得到改善时，只是消除了他们的不满意，并没有使其产生积极的态度，这就形成了某种既不满意也不是不满意的中立状态。

（2）激励因素。那些能带来积极态度、满意和激励作用的因素就叫作激励因素。有些工作环境可以为员工带来很大程度的激励和对工作的满足感，但如果不具备这些工作环境，也不会对员工造成很大的不满足感。赫茨伯格对1753个案例的调查分析发现，激励因素包括成就感、赏识、社会的认可、承担一份责任重大且富有挑战性的工作、个人的成长与发展等。如果这些因素都满足了，就能对员工产生更大的激励。从这个角度出发，赫茨伯格认为传统的激励假设，如薪资刺激、人际关系的改善、提供良好的工作条件等，都不会产生更大的激励，虽然它们能消除员工的不满意，防止产生问题，但这些传统的激励因素即使达到最佳程度，也不会对员工产生激励。根据赫茨伯格的观点，管理者应该意识到医疗保健因素是必需的，不过它一旦使员工的不满意中和以后，就不能产生更积极的效果，只有激励因素才能使员工提高工作效率。在介绍了各种需求理论之后，我们可能会想：金钱在激励中起到什么作用？它们对管理人员有什么意义？金钱是管理者能够采用的主要激励手段吗？当我们讨论激励时，金钱作为一种激励因子是不能被忽视的。无论采取何种工资形式，如计件工资（按一定的质量水平生产的件数所取得的报酬）或任何其他鼓励性报酬（如奖金、优先认股权、公司支付的保险金等），金钱都是一个重要的因素。

（三）亚当斯的公平理论

根据亚当斯的公平理论，人们总是爱比较，并且期望得到公平的待遇。如果比较的结果是不公平的，这种不公平感就会成为改变人的思想或行为的动力，其目的是让比较结果更加公平。

根据公平理论（见表3-1），个人不仅关心自己通过努力获得报酬的绝对数量，还关心自己的报酬与他人的报酬之间的关系。一个人在投入（如努力、经验、受教育水平、能力）的基础上，对产出（如工资水平、加薪、得到认可、其他因素）进行比较，如果感到自己的投入产出与其他人的投入产出相比并不平衡时，就会产生紧张感，而这种紧张感又会成为追求公平和公正的激励基础。

表3-1 亚当斯公平理论

察觉到的比率比较	员工的评价
（所得A）/（付出A）<（所得B）/（付出B）	不公平（报酬过低）
（所得A）/（付出A）=（所得B）/（付出B）	公平（报酬相等）
（所得A）/（付出A）>（所得B）/（付出B）	不公平（报酬过高）

注：A代表某一员工，B代表参照对象。

在公平理论中，员工所选择的参照物是一个重要的变量，它不仅是指其他员工，即"他人"，还指"制度"和"自我"。其中，"他人"是指同一组织中从事相似工作的其他个体、朋友、邻居和其他同行。员工通过各种渠道获得有关工资标准和劳动政策等方面的信息后，就会将自己的收入与他人的收入进行比较。"制度"是指组织的薪金政策与规定及其运作。制度因素也是员工进行比较的参照物，其中组织内部的薪酬政策以及成文和不成文的规定等，都会影响员工的认识。"自我"是指员工对个人付出和获得之间的比较。在比较中，员工会受到过去经历及环境、过往薪资标准以及家庭负担等因素的影响。

公平理论的提出对企业薪酬分配尤其对常见的两种工资分配形式和分配原则有很大的理论指导意义：

第一，当劳动报酬按时间支付时，如果实际收入高于应得报酬的员工的劳动生产率高于收入公平的员工，其努力程度和劳动生产率会提高；否则，它们会减少。所以按时间计酬有利于提高员工的劳动产出和质量，但要保证他们得到公平的报酬。

第二，按劳动产出支付劳动报酬时，实际收入高于应得报酬的员工的劳动产出与收入公平的员工相近，但质量有所提高；实际收入低于应得报酬的员工比收入公平的员工产出高但质量低。因此，在计件付酬的工资制度下，管理者要更加注重公平性。

（四）期望理论

期望理论是由维克托·弗鲁姆提出的。其基本观点是，人们对自己的努力行为或工作业绩有不同的预期，当这种预期对个体具有吸引力时，人们才会采取行动。期望理论主要解释三种联系：

（1）努力—绩效联系。个人觉得通过一定程度的努力可以达到某种绩效水平的可能性。

（2）绩效—奖赏联系。个人相信达到一定绩效水平后即可获得理想结果的程度。

（3）吸引力。如果完成工作，个体所获得的潜在结果或奖赏对个体的重要程度，与个人的目标和需要有关。期望理论所揭示的道理是：员工是否愿意从事某项工作，要取决于个人的具体目标以及其对工作绩效能否实现这一目标的认识或信念程度。图 3-2 可以说明这种关系。

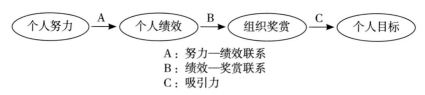

A：努力—绩效联系
B：绩效—奖赏联系
C：吸引力

图 3-2　维克托·弗鲁姆的期望理论

资料来源：斯蒂芬·罗宾斯，玛丽·库尔特. 管理学（第 13 版）[M]. 刘刚，程熙镕，梁晗，等，译. 北京：中国人民大学出版社，2017.

维克托·弗鲁姆的期望理论有以下基本要点：第一，一个人努力工作的动机强度取决于其对实现理想的工作绩效的信念程度；第二，报酬与奖赏对员工具有强烈的影响；第三，员工的自我利益是组织激励的基础，只有在员工追求和实现自我利益的过程中，组织能够保证所提供的奖赏与个体的需要一致时，员工才会获得最大的满足感。

波特和劳勒扩展了传统期望理论模型，探寻绩效、奖酬和满意三者之间的关系。他们认为，满意与其说是工作绩效的原因，不如说是工作绩效的结果，工作绩效使人感到满意；同时，不同的绩效决定不同的奖励，不同的奖励又使员工有不同的满意程度。他们设计了一种理论模型用来解释三者之间的关系及相关变量，如图 3-3 所示。

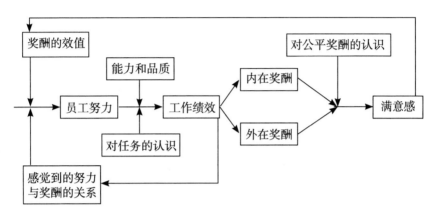

图 3-3　绩效、奖酬、满意的关系

他们应用激励理论提出了现代企业管理包括员工薪酬管理的一些有价值的建议：

第一，管理者要善于发现员工对奖酬和绩效的不同反应，因为每位员工对奖酬的理解和要求都是不一样的，而且是多样性的，同时，员工也需要了解管理人员需要他们做什么，需要知道绩效的内涵。

第二，通过激励模型向管理者表明，激励不仅取决于期望，还取决于关联性，管理人员设置的绩效水平必须在员工认为可以达到的范围和水平之内，即他们经过努力可以达到绩效，或者超过绩效；否则，绩效与努力之间的差距过大，员工也会丧失信心，起不到激励作用。

第三，将员工的期望结果与管理者的期望绩效联系起来。如果员工已经达到了绩效水平，并且其又想满足某些需求，例如提薪和晋升，管理者就应当适当满足员工的这些需求。

二、效率工资理论

20 世纪 70 年代以来，西方对市场工资理论的研究从经济学领域进入管理学范围，它倾向于把工资视为提高生产率的手段，而不是把工资视为生产率的结果，效率工资理论（Efficiency Wage Theory）便是这一理论研究的产物。效率工资理论的基本观点是，工人的生产率取决于工资率，工资率的提高将带来工人生产率的提高，因此有效劳动的单位成本（工资、福利、培训费等）反而可能会下降。因此，企业降低工资，不一定会增加利润，提高工资也不一定会减少利润。该理论最主要的一个假设条件是，员工的有效劳动供给量，或者说工作努力程度、工作绩效与工资水平的高低成正比，即企业支付的工资越高，员工的工作效率就越高。这一假设与常识相符，可以解释完全竞争模型的困惑，即使企业给付的工资水平高于供求均衡时的工资水平，企业仍然可以盈利甚至获得更多的利润，尽管工资水平可以调控，但完全竞争的劳动力市场仍然面临着非自愿失业的问题。

这一理论认为，企业中每一位工人的生产率是企业支付的工资率、其他企业支付的工资率以及失业率的函数。由于假定企业的目标是利润最大化，所以企业必然追求每个有效劳动的单位成本最小化，即工资劳动成本处于最低点，这个最低点便是效率工资。在信息不完全的劳动力市场上交易的劳动力，在生产过程中与其付出的劳动并不完全一致，这是因为员工在劳动中付出的努力较少，因此员工劳动效率的发挥就需要有效的监督。在信息不完全的情况下，工资可以通过刺激效应、逆向选择效应、劳动力流动效应和社会伦理效应对员工的生产效率产生影响。刺激效应指支付比其他企业更高的工资，可以增加劳动者被解雇的代价，促使劳动者尽量自我监督、努力工作，从而降低监督成本，提高组织效率。逆向选择效应指劳动者的生产效率与其愿意接受的保留工资（员工愿意接受的最低工资）成正比，如果某家企业降低工资率，求职者的平均生产效率将会随之降低，从而导致更多高生产效率的员工退出该企业的求职者行列。劳动力流动效应指辞职效率的增加会导致雇用和培训成本的增加，因此，提高工资以减少劳动力流动可能是合算的。社会伦理效应指从心理学角度考虑，如果企业提高员工的工资，员工会出于感激心理、公平心理和回报心理而努力工作。工资水平与员工工作的努力程度成正比，如果企业向员工支付较低的工资，虽然人力成本会降低，但工作绩效或生产效率也会降低，因此，给付低工资并不是明智之举。

三、分享工资理论

美国麻省理工学院经济学教授马丁·魏茨曼针对发达国家出现的经济停滞和通货膨胀并存的"滞胀"局面，提出了分享工资理论。他认为传统的资本主义经济的根本弊端不在于生产而在于分配，尤其是在员工薪酬制度方面。分享工资理论是一种将劳动者和雇主的利润联系起来的理论，又称为分享经济理论。分享经济是一种建立在将"员工的工资与某种能够恰当反映厂商经营效益的指数（如厂商的收入或利润）联系起来"的报酬支付制度基础上的经济。分享工资理论认为员工的薪酬制度可以分为两种模式，即工资制和分享制。与此相适应，资本主义经济就分为工资经济和分享经济。在工资制度下，员工的工资以及劳动成本是固定的，现代资本主义经济运行中的停滞、膨胀正是产生于工资制度这种特殊的劳动报酬模式，而分享制度是一种能够克服和战胜当代资本主义经济运行中的滞胀的报酬支付制度。该理论主张以"分享基金"作为员工工资的来源，它与利润挂钩。利润增加，分享基金就会增加；反之，则会减少。这样，劳动者和雇主在劳动力市场上达成的就不是规定每小时获得多少工资的合同，而是劳动者与雇主在企业收入中各占多少分享比率的协议。这一理论改变了传统的工资制度，工资不再是刚性的，而是与企业经营效益挂钩且随利润增减而变动的。

分享工资理论从微观经济着眼，寻找一种解决宏观经济中的滞胀的手段，进一步扩大了工资理论研究的视野。这是一种从雇员的报酬制度着手，从微观经济运行机制的角度来分析和解决问题的思路。分享工资理论提出以后，对我国的工资理论与工资改革实践影响较大。特别是 20 世纪 90 年代中期，我国部分学者开展了劳动分红的理论研究，部分实际工作者进行了劳动分红和"剩余收益制"的实践探索。

分享工资理论的最大弱点是，为了留住员工，企业必须使员工的工资与其他企业同级别员工的工资相等或更高。因此，在市场经济条件下，分享工资理论的实践意义受到质疑。为了使员工更加关心企业的盈利状况，我国企业现行的工资制度实际上已经考虑了工资与企业效益之间的关系，如提成制等。一些企业实行员工持股，或者以本企业股份支付员工收入和福利，在某种意义上也是对这一理论的运用。

四、人力资本理论

人力资本理论不是薪酬决定理论，但是它对薪酬的决定有一定的影响。人力资本理论的渊源可以追溯到亚当·斯密和马歇尔等，但是他们都未做深入的研究。把人力资本理论作为一个完整的理论提出的是美国经济学家舒尔茨，后来对这一理论加以发展的是加里·贝克尔。西方经济学认为资本采取两种形式，即体现在物质形式方面的物质资本和体现在劳动者身上的人力资本。劳动者的知识、技能、体力（健康状况）等构成了人力资本。人力资本对经济增长起着非常重要的作用，它可以促进国民收入明显增加，人力资本投资也必然会影响到薪酬收入。

人力资本是通过人力资本投资形成的，其投资是多方面的，包括教育（培训）支出、医疗保健支出、劳动力国内流动支出或用于移民入境的支出，以及收入信息的支出等多种形式，其中最主要的便是教育支出（包括在职培训）。人力资本投资还包括为补偿劳动力消耗而在衣、食、住、行等各方面的支出，但这种支出并非仅是为了工作，而是为了满足人的生理需求所必需的经常性支出，所以一般不计算在内。这些投资都有初期支出，都希望未来可以获得投资回报。劳动者的知识和技能形成一种生产资本储备，其价值来源于劳动力市场上技能的报酬，求职和迁移等行为可以提高技能储备的价格（薪酬），从而增加人力资本的价值。

从国家和企业单位来说，人力资本与将来投资是为了经济的增长，对劳动者个人而言，人力资本投资是为了获得现在的效用和满足感。如果得不到效用，无论是国家、企业还是个人，都不会进行投资。一般情况下，只有当预期收益至少等于现在的支出时，人们才愿意进行人力资本投资，如果大于当期的支出，人们更加愿意投资。从工资角度来说，只有未来得到的工资等于或大于现在的支出时，人们才愿意投资。也就是说，人力资本投资必须得到补偿。例如，如果大学毕业生的初始薪酬水平低于中学毕业生的初始薪酬水平，很多人就不会愿意投资上大学。如果大学毕业生工作时间长了，工资还是比以前的中学（没上大学的）同学低，会导致没多少人愿意上大学。一般情况下，大学毕业生的初始薪资应高于中学毕业生的初始薪资，其薪资水平可能低于已参加工作多年的中学毕业生，但不久就会超过他们。

人力资本理论在解释职业工资差异方面是比较有说服力的。人力资本理论为体力劳动者和脑力劳动者之间的收入差距提供了一种较为科学的解释，该理论也可以解释用人单位对员工的在职培训行为以及培训后的工资决定问题，是技能工资、资历工资等能力工资的主要基础理论之一。

第二节　组织激励

组织激励是指运用组织责任及权力对员工进行激励。它利用激励的原理和组织制度实现对内部人员的激励，同时提升整个组织的效率。组织激励的特点在于，从组织需要出发推动组织成员为实现特定的组织目标而努力，在此过程中，组织结构、组织资源、组织措施成为激励的条件和手段。组织激励的研究关注如何利用组织条件来激励员工更好地工作，从而实现组织与员工的共同发展。

一、组织激励的特点

组织激励是出于更好地实现组织目标且从提高员工的工作满意度出发进行的组织管理行为，其具有自身的特点，本书从组织激励的任务和思路出发，说明组织激励的特点。

（一）组织激励的任务

组织激励通过利用组织制度等特定条件以及激励的一般原理来实现组织的目标。组织激励的任务包括以下两个方面：

1. 激励是对行为的干预

激励是一种典型的干预他人行为的措施，这种措施具有明显的目的性。值得注意的是，这种目的往往不是个人的，而是组织的共同目的，因而属于典型的管理行为。组织激励是针对员工的行为，通过对员工加以引导来改变组织成员行为选择的过程，从而提高员工工作的自觉性，增强其行动的凝聚力，使组织中的成员力往一处使、心往一块去。这也说明了组织激励实现的条件，即需要借助组织的力量以及组织的资源才能实现既定目标。

2. 激励是对工作的促进

组织激励的目的是实现组织目标，这种干预是将成员的行为引导向有利于实现组织目标的方向，具体的表现形式是针对组织中的职务工作加以干预，以实现提高组织绩效的目的。

（二）组织激励的思路

组织激励的思路是需要从组织成员个体的需求出发，改变影响行为动机和行为选择的一些因素，最终使员工能够自觉按照组织要求行动。组织激励的思路包括以下三个方面：

1. 以行为主体的依赖性为前提

这里实际上是将组织看作是一个协作体系，行为主体之所以要加入这个协作体系，是因为自身的某种目的（需要）不能通过自己有限的能力达到，加入协作体系后，可以通过社会化的方式同其他的行为主体联系起来，共同克服某些限制条件，达到共同目的，在此基础上实现个人需求。

2. 以行为条件的可变性为依托

这一点实质上是论证激励的可能性，如果个人行为动机中的因素是不可以被施加影响的且不能改变的，那么激励行为就不可能发生作用，而动机是能够从对象、评价和选择三个环节加以影响的，这就为激励提供了可能。

3. 以行为方式的自觉性为关键

由于行为选择是个体主观选择，因此一定要使行为主体自己在主观上接受并自觉选择这样的行为方式，激励才能真正地发挥作用，同时也才能长期地发挥作用。

二、组织激励的依托

组织激励的顺利开展需要依托规章制度的保障，利用资源配置的条件。

（一）规章制度

规章制度是群体发展为组织的重要条件，同时也是组织激励能够顺利实施的前提条件，表明了激励者的地位。在组织中，激励者最常用的激励方式是利用规章制度设置职位工作，以此激励组织成员。规章制度涉及责任、权力、待遇等方面。

责任是每个职位应当完成的工作任务，责任是通过制定制度的形式加以确定的，责任完成的标准等也是以制定制度的方式加以确认的，责任的顺利实现需要规章制度做保障。同理，激励也可按照这样的思路进行，通过制度对职位的责任加以调整，以此进行组织激励。

权力是指每个职位拥有的组织资源支配力，但这种支配力是需要制度加以保障的，否则就会失去效力，在这个意义上，组织成员行动的能力需要制度加以确认和保障。

待遇是履行工作责任制后从组织中获得的回报，也是组织提供给行为主体的利益，同权力和责任一样，待遇也需要以制度的方式确定下来。

由此可见，规章制度是组织激励得以实现的重要依托，通过对职位的设置作用于组织成员的行为过程。

（二）资源配置

激励者还必须拥有一定的资源，具体包括经济资源、权力资源、关系资源。

经济资源是指制度决定激励者能够调动一定的资金或者企业利润。首先，经济资源是支付组织成员的薪酬福利，用于维持组织成员的简单的再生产能力；其次，组织激励的过程也必然会产生一定的消耗，因此需要经济资源的支持。

权力资源是指组织能够提供给某些职位的权力，从职位设计的角度来看，其是十分必要的，它会满足组织成员的需要，是激励能够顺利实现的重要保障。

关系资源也是十分重要的，因为良好的人际关系能够满足人们的社交需求，同时这种关系资源也会影响人们的人际交往方式，从而改变人们行为选择的方式。能否提供组织成员所需的关系资源也会影响组织激励的效果。

综上所述，组织激励是依托规章制度且通过利用能够调用的资源来进行的。

三、组织激励的措施

本书将结合动机形成和行为选择的一般规律，说明组织激励应当如何影响人们的行为，并列举一些常用的措施，包括满足需求、明确目标、比较成效、调整期望、塑造准则。

（一）满足需求

组织的基本任务是合理配置资源，为社会创造财富。员工是组织的主体，是实现组织共同目标的主要力量。组织需要根据员工需求的层次来满足员工的合理需求，具体包括以下几个方面：

1. 物质需求

物质基础是人类赖以生存的基本条件。员工的物质需求主要是指员工的薪酬和福利。员工的工资，实际上就是员工的所有劳动收入，按其性质不同可分为基本工资、奖金、津贴、补贴等部分。此外，企业还应当考虑员工的住房、医疗、各种保险等，以最大限度地保证员工没有经济上的后顾之忧。

2. 安全需求

任何人都不想过颠沛流离、朝不保夕、惶惶不可终日的生活，每一位员工都想长期拥有一份满意的工作。满足员工的安全需求应注意以下几个方面，如郑重对待裁员、重视员工的劳动环境和人身安全等。

3. 归属与爱的需求

人的社会性决定了人对社会组织的依赖性。员工不是机器人，组织既是员工物质生活赖以生存的协作体系，也是员工精神生活的重要场所。这里的

"归属"是指员工对组织的依赖程度、需要程度、满足程度和骄傲程度；"爱"是指组织对员工的爱、员工对组织的爱、上下级之间的爱、员工之间的爱。因此，创建一个充满人文关怀和爱的组织，增强员工的归属感、责任感、使命感和自豪感，带领一个友好、团结、积极向上、勇于创新的团队，是组织激励的目标。

4. 尊重需求

尊重包括自尊和外界尊重两个方面，二者相互影响。员工的自尊应该与组织对员工的尊重、上下级之间的相互尊重有关。员工之间的尊重以及社会关系对员工的尊重形成一种交集，从而营造一种互相尊重的氛围，有效地满足员工对尊重的需求。在具体实践中应注意以下几个方面：重视并学会倾听和交流，学会表扬和赞美，让员工参与管理，建立有效的内部岗位轮换、升迁机制，创建学习型组织等。

5. 自我实现的需求

具体做法是合理地设计职务，如让员工参与管理。研究表明，员工参与管理将会影响他们的决策，增加他们的自主性，使其工作时更有动力，对组织更忠诚，生产效率更高，对工作更满意。参与内容包括参与目标的制定、参与决策、参与绩效考核和评估等。

（二）明确目标

目标管理（Management by Objective）的概念是管理专家彼得·德鲁克（Peter F. Drucker）于1954年在其著作《管理实践》中最先提出的。具体指组织中的上级和下级管理人员共同合作，一起制定目标，规定每个人的主要职责范围，并以这些规定为指导来评价一个部门或每个成员的贡献情况。

1. 确定目标

首先根据企业的外部环境和内部条件确定企业在一定时期（一般为一年）的总体经营目标（包括贡献目标、利润目标、市场目标、发展目标），然后自上而下地将总目标层层分解开来，确定各级计划目标，从而形成一个协调平衡、相互衔接的计划目标体系。

2. 实施目标

实施目标是决定性阶段，遵循责权统一的原则，依据实现计划目标的需要，赋予目标执行者必要的权力，以充分发挥其积极性、主动性和创造精神。领导者在此过程中的主要任务是了解情况、组织协调、提供信息和服务、帮助员工发现和解决问题、支持下属做好工作，从而实现计划目标。

3. 成果评价

成果评价的目的有两个：一是掌握各级目标的完成情况，为正确进行奖励或批评提供依据；二是为了认真总结经验教训，以便发扬优点、克服缺点，进一步提高目标管理水平。进行成果评价的依据是目标的完成程度、完成目标的困难程度、为完成目标的努力程度。

4. 结果反馈

目标管理通常是以结果反馈结束的，管理者与组织成员都要对结果和过程进行反馈，探讨其中可以改进的地方，从而吸取经验并制定下一步的目标。

（三）比较成效

提高公平感可以增强员工对工作的满意程度和对组织的忠诚度。本书根据公平理论研究成果，简要阐述它在管理中的应用。

1.建立科学合理又切合实际的绩效考核系统

根据公平分配理论，有两个方面影响员工对公平分配的感知：一是投入；二是回报（产出）。员工将自己的投入和产出与其他人的投入和产出相比较，如果两者的比率相等，那么他们就认为分配是公平的。员工的投入指标主要体现在德、能、勤、绩几个方面，因此，有必要建立一套科学合理又切合实际的绩效考核系统。

2.建立公平合理的薪酬体系

组织要保持分配政策的稳定性和可完善性，要建立公平合理的薪酬体系，主要应考虑两个方面：内部公平和外部公平。内部公平是将员工的薪酬按照岗位和业绩进行分类，形成一套内部薪酬系统，让员工在相互比较中感受到分配公平；外部公平则主要是遵从市场经济的法则，尽量让社会上相同、相似的岗位提供相差不多的薪酬，如果差距太大，很容易使员工产生离职的念头。

3.完善员工参与制度

民主参与制度有许多好处：可以代表各部门员工的利益，使分配的程序具有公平性；可以监督分配制度的执行，即使制度暂时不合理，但只要严格按制度执行，员工就会产生公平感；可以改善上下级关系，有利于增进相互理解。企业可以让员工参与组织的发展战略、分配制度、奖励制度、晋升制度和考评制度等的制定和执行，让员工在参与中了解制度制定的原则和利弊，这样员工就能很好地配合组织政策的实施，从而减少改革的阻力并提高员工的积极性。

4.建立申诉制度和上下级沟通制度

申诉是让员工产生公平感的一个重要因素。即使实行了民主参与制度，由于缺位或考虑不周的缺陷，仍然可能存在不公平的问题，如果制度在实施过程中缺乏申诉环节，也难以被严格执行。如何保证制度的逐步完善以及如何使合理的制度能够得到有效实施，推动申诉制度就显得十分重要。管理部门应该有专人负责处理这些申诉，给申诉者提供机会，尽量减少不公平事件的发生。

（四）调整期望

麦克利兰对成就需要与工作绩效的关系做了一个非常有说服力的推论。首先，高成就需求者喜欢能独立负责、可以获得信息反馈和适度冒险的工作环境，他们会从这种环境中获得动力。麦克利兰发现，在小企业的管理者和企业中独立负责一个部门的管理者中，高成就需求者往往会取得成功。其次，在大型企业或其他组织中，高成就需求者并不一定就是一个优秀的管理者，因为高成就需求者往往只对自己的工作绩效感兴趣，并不关心如何影响别人去做好工作。再次，亲和需求和权力需求与管理者的成功密切相关。麦克利兰发现，最优秀的管理者往往是权力需求高而亲和需求低的人。如果一家大企业经理的权力需求与其责任感和自制力相结合，那么其就很有可能成功。最后，可以通过对员工进行培训来提升他们的成就动机。如果某项工作要求高成就需求者，那么管理者可以通过直接选拔的方式找到一名高成就需求者，或者通过培训的方式培养自己原有的下属成为高成就需求者。

麦克利兰的激励理论在企业管理中有很大的应用价值。首先，在人员的选拔和安置上，测量和评价一个人的激励体系的特征对如何分派工作和安排职位有重要的意义。其次，由于不同需求的人需要不同的激励方式，因此了解员工的需求与动机有利于建立合理的激励机制。最后，麦克利兰认为动机是可以训练和激发的。因此，管理者可以训练和激发员工的成就动机，以提高生产率。

（五）塑造准则

基于 XY 理论的激励方式有如下几项管理原则：

（1）创造一个舒适的工作环境，让人们挖掘自己的潜力，充分发挥自己的才能。

（2）管理者的职能既不是生产指导者，也不是人际关系调节者，而是一个采访者，他们应该消除障碍，为充分发挥职工的才能创造适当的条件。

（3）进行"内在奖励"。即获得知识，增长才干。麦格雷戈认为，管理在于创造一个适当的环境，一个可以允许和鼓励每一位职工都能从工作中得到"内在奖励"的环境。

（4）管理制度要保证职工能充分展现自己的才能，比如让任务更具有挑战性、下放管理权限、建立决策参与制度、丰富和拓展职业生涯等。

运用强化理论激励组织成员需要注意下列要点：

（1）经过强化的行为往往会反复发生。所谓强化因素就是会使某种行为在将来重复发生的可能性增加的任何一种"后果"。例如，当某种行为的后果受人称赞时，就增加了这种行为重复发生的可能性。

（2）及时反馈。一个人在做出了某种行为以后，哪怕是领导简单的一句"他注意到这种行为了"的反馈，也能起到正强化的作用。如果领导者不重视这种行为，其重复发生的可能性就会降低甚至消失。所以，必须把及时反馈作为一种强化手段。

（3）正强化比负强化更有效，所以在强化手段的运用上要以正强化为主，必要时也要对坏的行为进行惩罚，做到奖惩结合。

四、组织激励的体系

组织激励是按照一定的体系进行的，这是指激励工作是把握一定的工作重点，参照综合激励的模型，按照一定的工作机制，系统化地开展组织激励的。这是实际工作中需要把握的要点。本部分将介绍激励工作的重点、综合激励模型以及组织激励机制。

（一）激励工作的重点

不同激励措施针对行为选择的不同环节展开，相互之间具有复杂的联系。可以从人们行为活动的结构出发，把握不同激励措施的着眼点。按照这一思路，对于激励措施的把握要关注以下几点：

第一，组织激励的实质是通过鼓励符合组织要求的行为方式来引导员工更好地开展工作。如何从组织需要出发，制定恰当的行为规则和奖惩标准以作为引导员工行为的依据，是开展组织激励工作的前提。

第二，组织成员的行为活动具有一定规律，由需要、动机、行为、效果的循环构成。四者之间的衔接和转化需要一定条件，在不同条件的影响下，会出现不同的转化方式，从而导致不同的行为方式和结果。为了提高员工业绩，必须考虑这些转化条件。

第三，对组织成员的行为激励可以从转化条件的设置与控制入手，采取相应的措施，使之从不同环节发挥作用，其中最为关键的环节是根据员工的工作业绩给予恰当奖励。为此不仅要考虑绩效的实际情况，而且要考虑绩效实现过程中员工的行为方式以及员工对自身工作责任与权利的理解。

第四，不同措施之间必须相协调，使之相互支持和补充，按照统一的规则发挥作用，共同促进组织目标的实现。

（二）综合激励模型

综合激励模型是一种针对组织激励建立的概念模型，如图 3-4 所示。该理论在总结不同激励研究成果的基础上，结合组织激励的特殊任务，提出了从改进员工业绩角度进行激励的思路。其主要思想是：

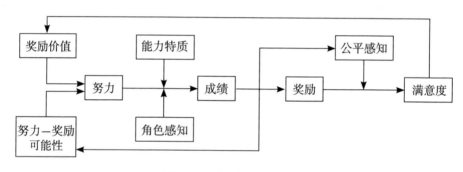

图 3-4   综合激励模型

（1）"激励"决定一个人是否努力及努力的程度。

（2）工作的实际绩效取决于一个人能力的大小、努力程度以及对任务理解的深度，具体地讲就是"角色感知"，即一个人对自己所扮演的角色是否有清晰的认识，是否把握住了自己的主要职责或任务。

（3）奖励要以业绩为基础，而不是先有奖励后有业绩，要比别人提前完成组织任务才能获得精神和物质奖励。当职工看到他们所获得的奖励与取得的成绩关联性很差时，奖励将不能成为其提高业绩的刺激物。

（4）对奖惩措施是否满意取决于被激励者是否认为奖励是公平公正的。如果被激励者认为奖励符合公平原则，当然会感到满意，否则就会感到不满意。众所周知的事实是，满意会促使被激励者付出进一步的努力。

1967 年，波特和劳勒还在他们合作的《工作绩效对工作满意度的影响》一书中表述了工作绩效对满意度影响的一种理论模式，这种模式的具体内容是，一个人在取得了成绩后得到两种报酬：一种报酬是外在报酬，包括工资、职务晋升、安全感等。按照马斯洛的需求层次理论，外在报酬往往满足的是一些低层次的需求。由于一个人的成绩，特别是非定量化的成绩往往难以精确衡量，薪酬、职务晋升等报酬的取得也包含各种因素的考虑，并不完全取决于个人成绩，成绩与外在奖励之间并不存在直接的、必然的因果关系。另一种报酬是内在报酬，即一个人因为良好的工作表现而给予自己的奖励，如感到对社会做出了贡献、对自我存在的意义及能力的肯定等。它对应的是一些高层次需求的满足，并且与工作成绩是直接相关的。是不是内在报酬与外在报酬就能决定员工是否满足呢？答案是否定的。也就是说，一个人要把自己得到的报酬和其认为自己应该得到的报酬进行比较。如果他认为相符合，就会感到满足，并会激励他以后更努力。如果他认为自己得到的报酬低于"所理解的公平报酬"，他就会感到不满足，甚至感到失落，从而影响了他未来的努力程度。

波特 – 劳勒期望激励理论在 20 世纪 60 年代至 70 年代是非常有影响的激励理论，在今天看来仍有重要的现实意义。它告诉我们，不要以为我们设置了激励目标，采取了激励手段，就一定能获得所希望的行动和努力，并且使员工感到满意。要形成"激励→努力→提高绩效→奖励→满足并因满足回馈更大的努力"这样的良性循环，取决于奖励内容、奖惩制度、组织分工、目标导向行动的设置、管理水平、考核的公正性、领导作风及个人心理期望等多种综合性因素。

（三）组织激励机制

所谓组织激励的工作机制，是指如何从组织角度加强员工激励的制度性安排，对激励对象、激励前提、激励措施进行结构性处理，使组织激励通过系统的工作体系得以实现。

进行组织激励，必须明确激励工作依据什么规律展开，包括：激励工作的重点是什么？有哪些可选择的措施？选择措施的前提是什么？对于这些问题的回答，要以组织成员的行为规律为主线，结合组织体制的特殊环境，进行激励措施的合理选择。因此，对于组织激励机制的分析，要明确这些不同方面的基本内容，进而说明这些方面之间的关系。

激励工作需要考虑的环节具体包括动机指向、行为方式、工作绩效和员工工作满意度。这些是行为激励的外在可见性结果，是激励者可以观察的环节。其中，动机指向是行为产生的内在原因，是行为者自觉意识到的行为动因，按照一定的心理过程得以形成。动机指向通过人们的行为方式体现出来，行为方式可以通过影响人们的行为动机进行调整，同时也可直接作用于行为选择的过程。行为方式的结果是工作绩效，这是按照一定的评判标准对人们的行为结果进行衡量，这一评价也会反馈至行为主体自身，产生员工工作满意度，而员工工作满意度是一种主观感受，同样也会反作用于人们的行为动机形成过程。

激励工作需要考虑的前提包括员工需要、员工能力、员工价值观，这些是人们动机形成和行为选择的重要影响因素。一定的行为动机产生于一定的需要，并指向能够满足需要的特定行为目标，从而推动相应的行为活动。员工的能力会影响行为选择，它决定着员工的备选行为空间，员工价值观是员工进行评价的重要尺度。按照上述前提,激励工作可能采取的措施包括建立制度、提供机会、强化角色、确定标准和给予回报。建立制度是组织激励的重要依托,是影响人们行为选择的重要条件;提供机会能够有效地改变人们的备选行为范围,使组织成员能够在更大的范围内进行行为选择;强化角色可以增强人们行为的自觉性,使激励能够发挥长效作用;确定标准是引导人们的价值评价,给予组织层面的评判标准;给予回报是将评价的结果反馈给行为主体,其会影响行为动机的形成,形成一个循环。

对上述方面加以整理,可以发现不同因素之间的相互关系,从而建立组织激励机制的概念模型,如图 3-5 所示。

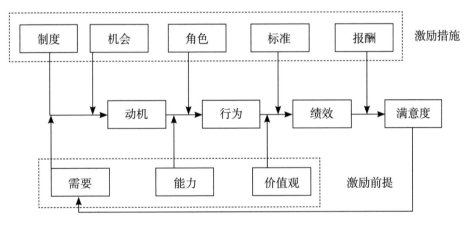

图 3-5 组织激励机制的概念模型

上述模型以员工的行为选择为主线,通过分析组织如何对员工行为选择方式施加影响,说明了组织激励机制的运行机理。

按照决策学派的观点,管理就是决策,也就是为员工提供一个具体的决策环境,激励正是在这样的背景下开始的。在特定的组织环境中,行为主体结合自己的需要,会形成一定的动机,在这样的动机作用下,行为主体会进行选择，这样的选择是有一定约束条件的，个体层面上的约束主要是自身的能力范围，而组织还会提供另一种约束，那就是行为的机会。行为主体做出选择后，其工作态度会决定其工作绩效，而组织会按照一定的标准衡量其工作绩效，接着组织会按照自己的价值判断给予行为主体一定的诱因，通常表现为报酬，这种报酬会对行为主体的需要产生强化，并构成一个循环。

第三节　报酬激励

报酬激励就是组织通过提供一定的报酬来激发组织成员努力完成一定的工作任务，从而达到组织目标。广义地说，报酬激励有两种形式：一是外在报酬激励，二是内在报酬激励。通过提供报酬或制定奖励措施来激励员工的方法可以分为两类：一类是关注外在报酬，例如组织通过提高工资、奖金、福利和社会地位等对员工进行激励；另一类则是关注内在报酬，即通过工作任务本身（如认可度、成就感、影响力、胜任感等）来进行激励。本书重点介绍三种报酬激励方式：浮动工资方案、弹性福利制度以及员工认可。

一、浮动工资方案

调查研究表明，外在报酬（这里主要是指薪酬）因素虽然不是决定员工工作表现的唯一主导因素，但会直接影响员工对自己工作的满意程度，通常都能起到比较明显的激励效果。最有效的薪酬体系要求必须满足内部的公平性（对组织成员工作绩效进行客观、公平的鉴定，并给予应有的报酬），同时满足外部的竞争性（在劳动力市场上具有相对竞争力，可以通过薪酬调查来确定）。

从期望理论的角度出发，浮动工资方案能够把个人的绩效和组织的奖励联系得更加紧密，能够很好地起到激励员工的效果。浮动工资方案有多种，常见的有计件工资、绩效工资、奖金、技能工资、利润分享和收益分享等。

（一）计件工资

计件工资是指根据合格产品的数量和预设的计件单位来计算的工资。它不直接用劳动时间来计量劳动报酬，而是用一定时间内的劳动成果来计算劳动报酬。计件工资的好处在于把员工的产出和所得很好地对应、结合起来，员工要想获得更多的报酬，就得有更多的产出，就得付出更多的努力。尽管计件工资对某些工作（如生产零件的工人、销售员）来说具有激励作用，但它并不适合那些很难单纯用数量来反映员工产出的工作，例如教师、足球教练、服装设计师等。

（二）绩效工资

绩效工资是以对员工绩效进行有效考核为基础的，实现将工资与考核结果相关联的工资制度。绩效工资的优点在于那些被评为高绩效的员工可以获得更多的加薪和晋升的机会。如果设计得当，绩效工资可以让员工认识到自己所获得的报酬和个人绩效是紧密相关的。从期望理论和强化理论的角度来看，这会促进员工付出更多的努力以实现更高的工作绩效。绩效工资和绩效评估方案紧密相关，公平、客观的绩效评估方案是绩效工资用以激励员工的关键。

（三）奖金

奖金作为一种工资形式，其作用是对与生产或工作直接相关的超额劳动给予报酬。奖金是劳动者在正常劳动定额之外创造社会所需的劳动成果时，给予劳动者的物质补偿。奖金有较大的弹性，它可以根据工作需要，灵活决定其标准、范围和奖励周期等，有针对性地激励某项工作的进行。奖金通常只在企业存在利润的时候才会发放。弹性也给奖金制度带来弊端，即员工的薪酬更容易被削减，特别是当奖金占到员工收入的大部分时，就容易出问题。

（四）技能工资

技能工资是指根据员工个人所掌握的知识技术和所具备的能力来进一步制定工资报酬的支付制度。技能工资能够激励员工学习组织需要的各种知识和技能，能够增强企业员工队伍的灵活性，同时还能促进组织内的沟通。技能工资的缺陷在于当员工在学习、成长和不断加薪的环境中感到力不从心时，会产生心理受挫，而且员工可能会花费时间去学习一些可能以后不会用到的技能，这对于组织来说是一种浪费。

（五）利润分享和收益分享

利润分享是围绕企业自身盈利能力而设计的在全公司范围内分配薪酬的方案，可以是现金支付，也可以是股票期权。实施利润分享方案会对员工的态度产生积极的影响，会让员工有更强的主人翁责任感。收益分享是一种基于特定公式来计算的群体激励方案，利用群体的生产率从一个时期到另一个时期的改进来决定员工可以分配到的总金额。不同于利润分享的地方在于，收益分享把奖励和生产率挂钩，而不是和利润挂钩，也就是说，即使公司没有盈利，员工也可能会获得奖励。因为收益归员工群体所有，所以高绩效的员工会督促低绩效的员工更加努力地工作，从而提高整体的绩效。

二、弹性福利制度

弹性福利制度是一种不同于传统固定式福利的新型员工福利制度。弹性福利也被叫作"自助餐式的福利"，即员工可以从企业所提供的一份列有各种福利项目的"菜单"中自由选择自己所需要的福利。期望理论告诉我们，组织的奖励和报酬要与每位员工的目标紧密联系起来，而弹性福利制度让员工自己选择福利组合来满足其当前的需求，从而为员工提供个性化的报酬。弹性福利制度能够很好地反映员工在年龄、婚姻状况、孩子数量等方面的差异。

由于企业经营环境的多样化和企业内部的特殊性，弹性福利制度在实际操作过程中逐渐演化为以下几种有代表性的类型：

（1）附加型弹性福利计划。这是最受欢迎的一种形式，就是在现有的福利计划之外，再制定其他不同的福利措施或提升原有福利项目的水平，让员工去选择。

（2）核心加选项计划。它由"核心福利"和"弹性选择福利"组成。前者是每位员工都可以享有的基本福利，不能自由选择；后者可以随意选择，并且附有具体指标。

（3）弹性支付账户。员工每年可以从税前总收入中拿出一定的资金建立自己的支出账户，用这个账户选择购买雇主所提供的各种福利措施。拨入支用账户的金额无须扣缴个人所得税，这可以增加员工税后的实际收入。

（4）福利套餐型。由企业同时推出不同的"福利组合"，每种组合包含不同的福利项目或优惠级别，员工只能选择其中一种，性质如同餐厅里的套餐消费。

（5）选高择低型。福利计划一般会给员工提供几个不同项目和程度的"福利组合"供其选择，基于组织现有的固定福利计划，可以相应地规划几种不同的福利组合。这些组合的价值和原有的固定福利相比，有的高，有的低。如果员工看中了一个价值较原有福利措施还高的福利组合，那么该员工就需要从工资中扣除一定的金额来支付其间的差价。如果该员工挑选了一个价值较低的福利组合，其就可以要求雇主发放中间的差额。

弹性福利制度的优势在于：充分考虑了员工个人的需求，提高了福利计划的适应性；企业可以不再提供那些员工不需要的福利，有助于节约福利成本；让员工参与其中，让员工切实感觉到企业给自己提供了福利。弹性福利制度也存在缺陷：造成了管理负担，增加了福利管理成本；可能会出现"逆向选择"的倾向，员工可能会为了享受金额最大化而去选择自己并不需要的福利项目；允许员工自由进行选择，可能会造成福利项目实施的不统一，这样就会减少统一性模式所具有的规模效应。

三、员工认可

在赫茨伯格的双因素理论中，薪酬属于保健因素，能够消除员工对工作的不满，而认可则属于激励因素，组织对员工的认可能极大地激发员工的积极性。研究表明，物质报酬的短期激励效果更好，而非物质报酬的长期激励效果更好。显然，员工认可属于非物质报酬（精神报酬）。

员工认可既可以是自发的、私人的感谢，也可以是被广泛宣传的正式方案（如"年度之星"评选）。在这些正式方案中，某些特定的行为类型会得到鼓励和赞扬，并且获得认可的程序也是明文规定的。员工认可的一个显著优点在于成本低，因为赞扬是免费的。也正因此，员工认可已经被广泛地应用。不过也有批评人士指出，员工认可具有被管理层作为"行政工具"的嫌疑。如果应用在绩效因素相对客观的工作中，比如销售，员工可能会觉得认可方案是公平的，但是如果绩效的标准并不明确，就存在管理人员操纵这种方案的可能，他们可能会只认可那些他们喜欢的员工。因此，这种方案如果被滥用的话，反而会破坏它的价值，使员工产生不公平感，从而降低员工士气和工作的积极性。

第四节　文化激励

一、文化激励的产生

企业文化作为一股管理新趋势，其产生与几十年来美国与日本的经济竞争有直接关系。20 世纪 80 年代初，美国管理者发现日本企业与美国企业管理的根本区别不在于管理方法和手段，而在于管理因素。美国企业管理因素以理性主义而著称，过于强调技术、设备、方法、规章、组织结构和财务分析等硬因素；而日本企业经营管理的传统模式有着鲜明的非理性主义色彩，即更注重目标、信息、价值观、文化等软因素。日本企业经营管理者重视人性和人力资源，将员工视作"社会人""决策人"甚至是"自动人"，以充分发挥员工的潜力，调动员工的积极性、主动性和创造性。于是美国提出了企业文化理论，其特点是注重文化激励，即高度重视人的因素、精神因素和价值因素在企业管理中的作用。威廉·大内参照 X 理论和 Y 理论，创立了著名的 Z 理论。Z 型组织的文化特征是：信任、微妙性和亲密性。

（一）信任

威廉·大内认为，信任可以使企业中的各个部门为照顾企业的整体利益而做出牺牲；信任可以使员工坦率诚实地对待工作和他人，对企业忠诚，关注企业劳动生产率的提高。

（二）微妙性

威廉·大内认为，人与人之间的关系是复杂而又微妙的，只有相处久了，才能准确了解每个人的性格，才能组成工作效率最高的搭档；强迫命令不会产生微妙性；微妙性一旦丧失，劳动生产率就会下降。

（三）亲密性

日本企业的成功充分证明了亲密的感情在工作中的重要性。社会的亲密性一旦崩溃，员工就会对企业失去信任，从而产生恶性循环，最终导致劳动生产率降低。

二、文化激励的内涵

文化激励就是通过加强企业文化建设，充分发挥企业文化的导向功能、凝聚功能、激励功能及约束功能，使员工个人价值的实现与企业的发展目标相一致，企业应最大限度地发挥员工追求事业和实现个人价值的能力，增强企业对人才的吸引力，也增强人才对企业的归属感。

企业文化是企业成员共有的价值和信念体系，它使组织与众不同，并且在很大程度上决定了组织成员的行为方式。企业文化对于理顺员工情绪、凝聚员工力量、实现组织目标有重要作用。在一种"人人受重视、人人被尊敬"的企业文化氛围中，员工的贡献能够得到及时的认可、欣赏和回报，他们会产生极大的满足感、荣誉感和责任心，因而会以极大的热情自觉地、全心全意地投入工作。

企业可以通过营造良好的文化氛围来达到文化激励的效果。良好的工作环境能使员工身心愉悦，从而提高工作效率，而一种良好的企业文化氛围更可以激发员工对工作的内在兴趣，提高工作的积极性和满意度。文化氛围是企业的价值观、精神、伦理道德规范与制度行为文化相互作用的产物，是企业的文化环境，是一种无形的东西。企业要创造一种沟通、信任、公平的文化氛围，需要管理者通过一定的方法深入了解被管理者的情绪与感受，倾听他们的内心世界，体会他们的喜怒哀乐，真正地关心他们、帮助他们，进而充分调动他们工作的责任心和积极性，充分发挥他们的主观能动性。文化激励既不以物质利益为诱导，也不以精神理想为刺激，而是通过管理者对员工无微不至的关怀、尊重和信任，满足员工的情感需求，在企业中营造出人性化的氛围、以人为本的环境来激励员工。

文化激励的表现是企业内部人员相互支持、相互信任、团结融洽等。需要说明的一点是，运用此种方式要适时适度，才能发挥应有的效果。首先要因人而异；其次要适度，管理者要谨防滥用情感；最后管理者要注重其内容和实效，不要停留于表面的形式，而是要以真情实感为基础。

三、文化激励的形式

文化激励是利用人的荣誉感、成就感、被尊重和被承认的需求而建立的一种激励机制。常见的文化激励的形式有评比竞赛激励和集体荣誉激励。

（一）评比竞赛激励

比较的方法可以分为许多种，评比是比较，竞争也是一种比较。评比就是通过比较来评定出先进与落后；竞赛是一种具有竞争性的比赛方法。评比竞赛激励的具体做法是：评比竞赛前制定具体标准和实施细则，提出明确要求，做好宣传工作；评比竞赛过程中，以事实为依据，坚持标准，客观衡量，秉公办事；评比竞赛结束后，认真及时地做好各类人员的思想工作，鼓励先进更先进，帮助后进赶先进。"人往高处走"，争强好胜，不甘落后，是人们普遍的心理状态。领导者通过评比竞赛来激发和深化下属的竞争意识，充分调动他们工作的积极性和创造性，有效地促进各项工作的顺利完成。

评比竞争激励就是指领导者通过定期举办评比和多种形式的竞赛活动以激发下属的上进心和竞争意识。这是一种已被实践证明能有效地激励员工上进心和积极性的好办法，但应该注意的是，评比和竞赛不能太过频繁，要突出重点，注重实效，避免流于形式。

（二）集体荣誉激励

荣誉是精神奖励的基本形式，它属于人的社会需求方面，是人对社会做出贡献并得到认可的标志。荣誉可分为两大类，即个人荣誉和集体荣誉。因为荣誉接近人的理想和抱负，因此无论是个人荣誉还是集体荣誉，都能调动人们的积极性。从激励的效果来看，集体荣誉所激发的力量是一种合力，这种合力要大于个人荣誉所激发的个人力量的总和。集体荣誉的这一特点要求各级领导者在重视个人荣誉激励的同时，还要重视发挥集体荣誉的激励作用。

以集体荣誉激励下属，是指各级领导者在实际工作中通过表扬和奖励集体来激发下属的集体意识，使每位成员产生一种强烈的荣誉感、责任感和归属感，从而形成一种自觉维护集体荣誉的方法。用集体荣誉来激励下属是领导者鼓励和引导下属的好方法，它可以帮助下属形成集体主义精神，提高他们的思想觉悟。在具体运用这种方法时，领导者要注意把集体荣誉与每位成员的荣誉与利益结合起来，并且要注意营造一种友爱互助的和谐氛围，让每位成员都能感受到集体荣誉的温暖，使其心情舒畅，精神振奋。

四、文化激励的应用

文化是企业的灵魂，被大家所认同的文化具有极强的凝聚力。文化激励在华为的创业初期曾经发挥了重大的作用。华为公司的核心文化包括以下几个方面：

一是"狼性文化"。其核心是互助、团结协作、集体奋斗，包含很多方面内容：对于专业领域敏锐的嗅觉；对于事业不屈不挠、永不疲倦的进取精神；对于企业群策群力的团队精神。华为公司的"狼性文化"适合大多数的年轻人，因为华为公司不仅能够提供高薪，还可以给年轻人提供一个可以充分展现、发挥自我的大舞台。这种文化氛围的激励是对人实现自我需要的满足，也是华为公司的目标与员工个人目标达成一致的契合点，实际上是一种"双赢"的结果。

二是"奋斗文化"。"以客户为中心，以奋斗者为本，长期坚持艰苦奋斗"是华为的核心价值观，华为公司倡导并建立起了"奋斗文化"。华为公司创始人认为，"艰苦奋斗是华为文化的魂，是华为公司文化的主旋律，我们任何时候都不能因为外界的误解或质疑动摇我们的奋斗文化，我们任何时候都不能因为华为的发展壮大而丢掉了我们的根本——艰苦奋斗"。"胜则举杯相庆，败则拼死相救"就是华为公司团队合作和艰苦奋斗精神的充分体现。

三是营造"家"的氛围。华为公司一直强调企业就是家的理念，让员工感觉到时刻是在为自己的家服务，将企业文化建设融入八小时之内的日常管理中。在八小时之外，华为公司也努力丰富企业文化与生活，使家庭成员在文化活动中增进彼此的情感，提升员工的工作品质意识和思想境界，提高八小时之内员工工作的协作精神和创新意识。华为公司成立了各种俱乐部，旨在丰富员工的生活，提高员工生活质量。俱乐部为华为公司员工提供了互相交流的机会，有利于形成和谐的同事关系，满足了员工的社交需求和归属需求。

在通常的观念中，工作被看成是谋生的手段，是为了索取报酬而必须付出的代价。工作和生活在内容上、时间上都有明确的分界线，员工认为在八小时之内，自己服务于公司，八小时以外则是自己的时间。华为公司正在改变这种观念，试图让员工把公司当成是一个大家庭，为了共同的事业一起努力。华为公司在工作的八小时之外对员工关怀备至，组织多种多样的活动来丰富员工的生活，使员工把从活动中获得的良好心情和饱满精力带入工作中。

华为公司采取灵活多变的方式来增加工作的趣味性。例如，选择高级的度假酒店来召开会议，让员工在工作之余也能享受生活。又如，华为公司给予工作小组一定的活动经费，鼓励他们下班后走出公司去共同活动，而不是各回各家。员工聚集在一起可以打球、聚餐等，进行多种多样的活动。华为公司的这些做法有效地提升了员工对工作的满意度。

四是"战马文化"。华为公司探索出了一整套关于知识型劳动者的管理理论和经验，即把"秀才"变成"战士"，把"野马"训练成"战马"，从而推动了华为公司的成功。"战马文化"是华为公司多年来形成的既具有活力又具有秩序性的组织性格，也是华为公司的战斗力源泉。华为公司通过文化改良和组织创新，坚持以客户为中心，以奋斗者为本，公司上下充满了激情。

华为公司的激励体系和制度不仅照顾了员工基本的物质需求，也满足了员工的精神文化需求。马斯洛需求层次理论中的不同层次需求在华为公司的人力资源管理过程中基本上都可以得到重视和满足：体面的工作、可观的经济收入、员工持股保证了员工生理需求、安全需求得到满足，宽松的科研工作环境保证了尊重需求得到满足，"狼性"文化的理念和"家"的氛围营造有利于最大限度地满足员工的归属需求和自我实现需求。

4

第四章

新时代背景下青年科技人才
激励创新模式

第一节 管理者面临的困局与解决对策

一、管理者要打破物质激励的瓶颈

随着物质的丰裕，管理者发现员工对于工作的态度发生了根本性转变。过去工作是机会，是生存的根本，现在工作只是员工发挥价值的平台；过去员工期望工资高、责任轻，现在员工期望拥有高素质的同事、良好的工作环境、获得新体验和新挑战的机会；过去员工关注当期的利益回报，现在员工更关注发展的前景和稳定的提升速度；过去员工关心工资的多少，现在员工还关注公司的认可和弹性的工作日程。这些转变都表明员工对于激励的期望值日益多元化，传统的物质激励边际效用逐渐递减，员工对于职业的发展、工作自主化、工作和生活相平衡的诉求越来越强烈。进入数字化时代，员工对于激励的即时性要求越来越高，激励周期变得越来越短。同时，大数据的广泛采集，员工个性化需求得到满足的呼声也越来越高，这些都对管理者如何使用激励工具提出了更高的要求。

员工需求增加的同时，也展现了其他的特质，互联网企业管理者印象比较深刻的"90后"员工的工作特质如表4-1所示。

表 4-1　互联网企业管理者印象比较深刻的"90 后"员工的工作特质

典型职业特质	样本占比（%）
耐受挫折能力较弱，容易情绪波动	63.5
你给我多少工资，我就做多少事，多余的事我愿意就做，不愿意就做	45.6
有创意，有活力，常在工作中体现出"90 后"特有的想法和语言	45.2
敢于表达心中的想法，对薪资、工作环境、员工福利、公司文化等有自己的要求，不喜欢随大流	42.4
好奇心强，容易接受新鲜事物	39.1
富有自信心，张扬自我个性	34.0
获取信息的方式较多，见多识广	17.8
其他	1.2

资料来源：张小峰.全面认可激励：数字时代的员工激励新模式［M］.上海：复旦大学出版社，2018.

目前对物质激励是否过时和失效其实很难下定论，因为企业的管理模式不一样，员工的诉求也不一样。在物资匮乏的年代，靠物质激励员工去努力工作是没有问题的，而且并不会破坏员工的内驱力。然而，到了物资丰裕的新时代，物质激励作为外部奖励，不仅会出现"边际效应递减"现象，还会因为外部奖励的"挤出效应"而降低员工的内在动力。

"边际效应递减"是经济学中的规律，指的是在一定时期内，如果一个人连续获得某类物质，那么随着拥有物质的数量越来越多，他却会感觉到愉悦感越来越少。这就意味着，在初期物质激励的效果比较明显，随着员工的心理预期逐渐稳定，阈值不断升高，激励效果就会因为"审美疲劳"而变得越来越差，甚至会使物质激励与工作动机之间的关系呈现"倒 U"形（见图 4-1）。

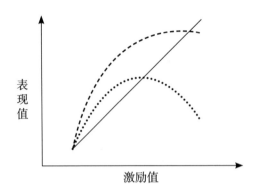

图 4-1　物质激励与工作动机之间的"倒 U"形关系

心理学也比较认可这样的观点。传统的行为主义学家认为，行为应该归因于对外部刺激的反应，其中最典型的研究是巴甫洛夫的条件反射理论和斯金纳的强化理论。行为主义心理学认为，增强外部动机是一种激励人们做事情的方式，系统地应用奖励或惩罚措施会限制或强化对进一步的奖励或惩罚的预期。基于这种思想的激励机制，在标准的工业化时代已经被广泛应用，比如加薪、奖金等奖励，以及降职、开除等处罚，这些激励和约束规则清晰且有效。

尽管如此，学术界依然存在不同的观点，例如，爱德华·L.德西和理查德·弗拉斯特（2020）更加关心员工的头脑中到底发生了什么，即关注员工内在动机的形成，并基于此提出了自我决定理论。[①]自我决定理论认为人类本质上是积极的，并且具有强烈的、发自内心的发展欲望，当然，外部环境必须支持，否则将会阻碍这些内部动机的形成。要注意的是，因为存在"挤出效应"，外在动机往往会排挤内在动机，哪怕在执行一项有趣的任务时，当物质奖励提供的外在动机切实发生时，员工的内在动机就会慢慢消散。

很多企业已经意识到了这一观点，并做出了相应的转变，比如腾讯和

① 爱德华·L.德西，理查德·弗拉斯特.内在动机［M］.王正林，译.北京：机械工业出版社，2020.

百度。

腾讯有其独特的管理理念，在内部员工看来，高薪不是全部，广阔的发展空间、温暖的公司文化和丰厚的回报才是腾讯吸引人才的三大因素。腾讯以对待用户的心态来关注员工，用做产品的理念来建设文化。对于从外部引进的高尖端人才，腾讯会在他们进入业务部门后，任命更高层次的管理者或业务骨干担任导师。腾讯还针对员工提出了安居计划、长期激励、家属开放日等福利措施。

对百度来说，始终保持 25 岁心态和创造力的年轻人是公司希望瞄准和把握住的"关键资产"。为了构建鼓励人才不断成长的上升机制，除了常规的人才培养和晋升机制外，百度还设计了各种项目和竞赛，鼓励员工跨部门、跨职能开展创造活动，为的是让每个人都有机会展示自我，让真正有能力、有贡献的人能获得相应回报。

这些理论和实践对于管理者的启示在于，物质激励只是基础，同时要想办法激发员工的内在动机，比如激发员工的工作兴趣、赋予员工具有挑战性但不至于难度过大的工作等。回归工作本身，为员工重新设计工作任务和模式，给予员工积极表现的工作环境和机会，让员工真正感受到工作的快乐。

二、管理者要进行思维升级

（一）管理者要采取"量子观"，全面系统地看问题

技术的进步在不断推进着社会的进步，人们对于社会本质的理解也在不

断加深，也不断冲击管理者既有的认知，从而促使管理者去思考：激励管理的本质是什么？我们应该采取什么样的激励方式才能取得更好的激励效果？

随着科学的发展，量子力学所揭示的世界观对我们当下所做的众多基本假设提出了挑战，包括我们对关系、联系、预测和控制的认识，也促使我们更加清醒地理解本质。在量子的世界，系统内各关联要素充满了有机联系。这些基本观念对于解决管理者所面临的激励难题显得尤为重要。以激励问题为例，当员工感觉到企业的激励模式有问题时，可能不仅是薪酬体系有问题，有可能是评价体系、经营体系，甚至业务体系出了问题，企业表现出的问题是叠加的，所以需要系统地、全面地、动态地思考问题，而不是静态地、局部地思考问题。

（二）注重体验至上，创新管理思维

提及员工的体验感与参与感，需要介绍一下心流（Mental Flow）的概念。心理学家米哈里·希斯赞特米哈伊发现，当人们处于专注进行某种行为的状态时，其所表现出的心理状态通常是不愿被打扰，即抗拒中断。心流的定义就是一种把个人精神力完全投入在某种活动上的感觉；心流产生的同时会有高度的兴奋感及充实感。米哈里·希斯赞特米哈伊认为，使心流发生的活动具有多样性。例如，人们倾向于去从事的活动，人们会专注一致的活动，有清楚目标的活动，有立即回馈的活动，人们对该项活动有主控感，人们在从事活动时的焦虑感会降低甚至消失，主观的时间感改变，不断优化的障碍，等等。

基于此，有实践者开发了基于心流的游戏化管理模式。倡导游戏化管理的管理模式者认为，游戏化管理目标明确，每当完成任务时，员工会得到相应的奖励分数，这导致了多巴胺的分泌，让员工感受到快乐，从而促使员工

热衷于探索和尝试新的工作任务。这个原理类似于"阈值效应"，给予的奖励和任务都会改变员工大脑中的多巴胺水平，使其上瘾。

对比心流的必需条件，如完成任务、集中精神、明确目标、获取反馈、全情投入以及掌控行为，我们不难发现，在日常的管理工作中，其实有机会将工作打造为游戏化的任务关卡，通过激发员工的心流来提高员工的工作热情。

无论是量子思维的全面、系统、多关联，还是心流的游戏化管理模式，其实都是希望管理者能够在组织环境和员工主体发展变化的前提下，通过转变管理思维，来应对不断出现的管理挑战。当然，激励问题是一个复杂的系统问题。仅靠单一的激励方式显然无法解决员工的不同诉求，这就要求管理者从单一走向全面，探索全面薪酬激励模式。

（三）管理者要尊重个体、释放个体发展的活力

在数字化时代，管理者想要迎风踏浪，首先还应该从思维升级开始。思维升级的第一步是承认传统的工业时代及其管理思维已经过去，当下需要探索新时代下的管理思维。

福特主义时代，商业社会提倡弗雷德里克·温斯洛·泰勒的科学管理，认为员工应该像机器一样精准，人性要为商业理性服务，人就成为生产中的一个环节，其作用无异于一把标尺、一个螺丝。随着福特主义到后福特主义时代的过渡，梅奥进行的霍桑试验在当时的目的是根据科学管理的原理，探讨工作环境对劳动生产率的影响，本意是为了提高商业理性以提升组织最大产出，只是结论出乎所有人的意料。梅奥结合心理因素和社会因素对于工人劳动过程的影响，提出了著名的"人际关系学说"，开辟了行为科学研究的道路，从此，"经济人"假设逐步过渡到了"社会人"假设。员工作为重要的个

体，开始受到组织的不断重视，由此不断发展演变出各种组织管理、组织行为等管理学的价值理论工具。

霍桑试验强调金钱不是刺激员工积极性的唯一动力，新的刺激必须着眼于社会和心理方面，以提高合作效率并提升生产率。梅奥认为，提高生产效率，关键在于员工在工作时的态度，即工作士气，而士气的高低则主要取决于员工的满意度，这种满意度体现在人际关系上，比如员工在企业中的地位是否被上级、同事和社会所承认、认可等。

查尔斯·汉迪认为对于未来财富和地位的期许并不能激励创新性人才，他们更需要的是能为之奉献自我的事业、自由的空间以及创新的机会等。霍桑试验解释了生产效率主要取决于员工工作态度以及员工和周围人的关系，玛丽·帕克·福列特呼吁"人是任何商业活动的核心，领导应该使被领导者得到自由"，但真正在企业中把员工当作真正的人才来尊重的行为，在经过了几十年之后，终于随着新生代员工独特的职业特性以及管理者不断进行管理方式的自我革新出现了，这在严格意义上讲，也是一种时代的进步。随着社会物资的丰裕，以满足个性化需求为目的、以信息和通信技术为基础、生产过程和劳动关系都具有灵活性的后福特主义开始登台亮相，后福特主义的主要特征如表4-2所示。

表4-2　后福特主义的主要特征

特征	表现	对于管理者的启示
个性化需求与大规模定制	通过大规模定制来满足不同类型的产品和服务的需求日益增加	创建个性化服务清单和跨组织的共享服务平台
水平型组织形式	通过细化产业分工使各企业专注某一产品或服务，垂直管理被水平管理取代	打造赋能式平台化组织

续表

特征	表现	对于管理者的启示
消费者主权论	丰裕经济下，满足消费者的需求成为企业发展的首要目的	提出人才客户化，针对核心人才定制化开发激励工具
弹性生产（新水桶原理）	企业将自己的特长发挥到极致，通过强强联合的方式获取竞争优势	寻找最优秀的员工，给他们提供最满意的服务
竞合思维	通过分工与协作创造价值	让人才为企业所用

资料来源：张小峰.全面认可激励：数字时代的员工激励新模式［M］.上海：复旦大学出版社，2018.

由此可见，后福特主义影响的新思维是相对于工业化思维而言的，这是一种商业民主化的思维，是一种用户至上的思维。这种思维就要求管理者充分尊重个体、释放个体发展的活力。

三、管理者要全面创新薪酬激励模式

（一）找到员工心理预期的"痛点"

无论是技术对于商业社会影响的研究，还是消费主义与后福特主义的探讨，其实都是希望管理者能够明白员工的需求已经发生改变。

在客户员工化、员工客户化的今天，管理者要改变传统的激励方式，需要做到以下四点要求：

1. 人才主导与人才优先

管理者要崇尚人力资本价值导向，深入员工内部，挖掘员工内心真实想法，真正将员工客户化，通过认可和激励的方式将员工视为企业的第一价值。

"员工第一"是落实"顾客至上"的根本保证，如果员工心情不愉快，其如何能善待顾客？管理者要善待下属，把 80% 的命令变成培训，把 90% 的批评变为鼓励、欣赏和赞美。管理者要教会员工怎么做、为什么做，同时也要少批评、少指责，多欣赏、多赞美。管理者要关心下属，善于察言观色，要像对待家人一样去呵护、关爱下属。职能部门在制定规章制度时，首先要站在员工的角度，而不是只考虑自己执行时的方便。如果员工违规，管理者应该站在员工的角度，排除其他因素后，再确定其是否违规，这样员工才能心服口服。管理者要重视员工申诉，员工申诉说明企业拥有宽松的成长环境。各级管理人员应该严格要求自己，尊重、理解他人，坚持人才主导与人才优先。

2. 搭建服务平台，服务内部客户

人与人沟通的距离和成本趋于零以及信息的对称性与信息的透明化，使企业的管理层级不断蜕化，管理者在实施网状组织架构、倒三角经营、去管理层级的同时，还需要辅助相应的后台支持部门。这就要求传统的后台部门取代传统的矩阵结构，成为一个大平台结构，以管理部门作为服务平台，不断为企业内部客户创造价值。

外卖平台"饿了么"借着移动互联网的"东风"实现了日订单达百万元的目标，整个团队也迅速扩张。由于团队成员缺乏相关工作经验，所以没有任何企业管理的思维负担，这使"饿了么"公司团队非常富有想象力，公司构建基本上涵盖了互联网公司最新潮的管理元素：扁平化、游戏化、自主化以及强大的 IT 系统。

"饿了么"使用的销售协同 CRM 软件 Walle，将员工进入"饿了么"的工作时间、业务量、业务增量、部门领导、谈判商家等所有同业务相关的数据用数学模型计算出来，每周和每月公布各种维度的对比，以此来激励员工。Walle 甚至记录了城市经理组织的每一次会议的内容。当一个城市经理带领的三个区域经理中有人升职，城市经理管理能力上就会有数据提升，Walle 让一切细微的经营状况变成数据传输到总部，每个区域的经营状况、"明星员工"、"金牌教练"都会一目了然。

3. 绩效考核导向变为价值创造导向

在数字时代，企业逐渐从目标导向转向价值创造导向，这就要求员工自动、自发、创造性地工作，员工的自我责任驱动力必须高于绩效目标驱动力，所以企业要去除严格的关键绩效指标（Key Performance Indicator，KPI），去除单一利益驱动。

小米公司绩效考核的典型特点就是"去 KPI"，强调员工责任感。小米公司内部员工做事，强调的是责任感，别人的事情永远比自己的事情重要。要注意的是，"去 KPI"不是不做绩效考核，小米公司员工为客户负责，认为别人的事情永远比自己的事情重要，其实是将绩效考核的重点方式放在提高员工内驱力和为客户创造价值层面。

4. 构建全面认可激励体系，激发员工工作的积极性与参与性

管理者应该在企业内部提倡全面认可激励，所有员工有利于组织的发展、有利于客户价值和自身成长的行为，都可以得到及时的认可和激励，全面认可激励可以为组织带来良好的氛围和更高的绩效产出，提高员工对组织的满意度，为员工提供一个优秀的企业社交网络平台，实现激励措施的多样化、个性化、长期化，提高员工的参与精神和自我管理意识，真正满足员工对于认可回报、绩效反馈、工作成长的个性化需求。

（二）从内容型激励走向过程型激励

对于员工而言，管理中最核心的两个字当数"激励"。在企业内部，如何有效地激发员工的活力，调动员工的工作积极性，是很多管理者头疼的问题，也是企业管理中的关键命题。

从经济学角度来看，激励理论的出发点是"经济人"假设，即个体是完全以追求物质利益为目的的经济活动主体，每个人都希望用尽可能少的努力获得最大的收获。在早期的"经济人"假设中，人只不过是"经济动物"，个体的一切行为都是为了最大限度满足私利，工作目的只是获得经济报酬。在这种理念指导下的企业制度，激励多侧重物质和外在激励。

梅奥的霍桑试验证实：人非完全"经济人"，而是"社会人"，个体是非孤立的，是需要社群关系的，个人的物质利益在调动工作积极性上只具有次要的意义，群体间良好的人际关系和人文关怀才是调动工作积极性的决定性因素。于是，从管理角度出发的激励理论开始逐渐被组织认可。管理学视角的激励理论主要从需要、目的和动机等方面探讨如何激发员工的积极性和工作热情。其主要理论包括需求层次理论、双因素理论、成就需要理论、期望理论、公平理论、波特-劳勒模型等。管理学视角的优势在于坚持以人为本的理念，除了实施薪酬福利、职位晋升等外在激励，还注重从心理学和组织行为角度实施内在激励。

任何企业、任何组织、任何管理者与被管理者，无论接受与否，都需要研究行为背后蕴含的内在动机。管理学视角把对激励问题的理论研究分为两种，即内容激励和过程激励。

1. 内容激励

内容激励着眼于激发动机的激励手段，即员工对于组织回报的哪些方面感兴趣，以此来确定企业对于员工的回报，主要包括需求层次理论、双因素理论和成就动机理论。基于内容型激励理论对于管理者的指导意义在于：发现员工的个体需求和偏好，制定相应的激励措施，在使员工满意的同时也让客户满意。

（1）需求层次理论。马斯洛需求层次理论认为人类的需求像阶梯一样从低到高分为五个层次，分别为生理需求、安全需求、社交需求、尊重需求和自我实现需求。低层次需求得到满足后，高层次需求才会出现，但是低层次需求的驱动行为的动力，就不再成为一种激励力量。生理、安全、社交的需求都属于低层次的需求，尊重、自我实现的需求是高层次的追求。而且一个人对于尊重和自我实现的需求是永无止境的，同一时期人可能有多重需求。高层次的需求发展后，低层次的需求仍然存在，但对行为的影响程度大大降低。在需求层次理论之后，又提出超自我实现，即巅峰体验，当一个人的心理状态完全满足了自我实现的需求时，会出现"高峰经验"，通常当一件事在执行时，或者完成一件事情时，人会具有成就感。尤其发生在具有创造性的工作中，如艺术家在演奏音乐时的忘我体验，或是人们在游戏获胜时获得的愉悦体验。

（2）双因素理论。赫茨伯格提出的双因素理论认为引起人们工作动机的因素主要有两个：一是保健因素；二是激励因素。只有激励因素才能够给人们带来满意度；而保健因素只能消除人们的不满，却不会带来满意感。保健因素主要是指公司的政策、行政管理、监督、工作条件、薪水、地位、安全以及各种人事关系等与工作环境或条件相关的因素。这些因素的改善，虽然不能让员工变得非常满意，不能真正地激发员工的积极性，但是可以消除员工的不满，如果保健因素得不到满足，往往会导致员工产生不满情绪、消极怠工，甚至引起罢工等对抗行为。激励因素是让员工感到满意的因素，主要是因为他们的工作富有成就感、工作本身具有挑战性、工作的成绩能够得到社会的认可，以及职务上的责任感和职业上能够得到发展等。这些因素可以调动员工积极性，提高劳动生产效率。

在组织运行过程中，管理者要激发员工去创造价值的意愿，就需要从满意的角度出发，不断提升员工个人的满意程度，使工作富有成就感和具有挑战性。

（3）成就动机理论。麦克利兰认为，人类的许多需求都不是生理性的，而是社会性的，而且人的社会性需求不是先天的，而是后天的，来自环境、经历和教育等。人的高层次需求归纳为对成就、权利和关系的需求。

个人记忆中有与成就相关的快乐经历，当场景能引起这些愉快的体验时，就能激发人们对成就动机的渴望，成就动机强的人对工作和学习非常积极，善于控制自己尽量不受外界环境影响，善于充分利用时间，其工作和学习成绩优异。

成就动机理论应用在企业实践过程，即企业的使命、愿景和战略目标，明晰了组织存在的价值和意义，同时也提高了员工的成就动机，激发了员工工作的动力和热情。优秀企业的组织目标往往就是顾客视角、志存高远和追求价值创造。例如，阿里巴巴的组织目标包括："通过发展新的生意方式创造一个截然不同的世界（梦想）""让天下没有难做的生意（使命）""分享数据的第一平台""做 102 岁企业（愿景）"。阿里巴巴的核心价值观包括：客户第一、团队合作、拥抱变化、诚信、激情、敬业。

内容型激励指明了激励方式的出发点，丰富了激励方式的多样性，然而，为了让工作充满乐趣，还需要解决激励的即时性与及时性，激励过程要公开透明、公平公正，这样才能真正提高自我激励的功能。

2. 过程激励

过程激励是着重研究个体从动机产生到采取行动的心理过程。它的主要任务是找出对行为起决定作用的某些关键因素，并阐明它们之间的相关性，以预测和控制个体的行为。这类理论表明，要使员工的行为符合企业的预期，就必须在员工的行为和员工需求的满足之间建立一种必然的联系。其典型的理论包括期望理论、目标设置理论、公平理论、强化理论。

过程激励对于管理者的日常指导意义在于：如何将管理的手段和方式方法明晰化、公开化，如何利用管理手段研究个体目标的选择及行为的改变与修正。在内容激励被个体认可之后，激励过程才得以开始，主要是帮助管理者明晰行为发生的过程，如何有效地把控激励行为的过程，最终实现激励的目的。

（1）期望理论。期望理论也称为"效价—手段—期望"理论，这种需求和目标之间的关系用公式表示：激励力量＝期望值 × 效价。在这个公式中，激励力量指调动个人积极性、激发人内在潜力的强度；期望值是根据个人的经验判断来实现目标的把握程度；效价是满足个体需求所能达到的目标值。这个理论的公式说明：人的积极性被调动的程度取决于期望值与效价的乘积。也就是说，一个人对目标的把握越大，实现目标的概率越高，激发起的动力越强烈，积极性也就越强，在领导与管理工作中运用期望理论对于调动下属的积极性具有一定的意义。

期望理论以过程模式表示即"个人努力→个人绩效提升→组织奖励→个人需求满足"。期望理论从三个方面反映激励与动机之间的关系，要激励员工就必须让员工明确：①工作能为他们提供真正需要的东西；②他们想要的东西是和绩效相连在一起的；③只要努力工作就能提升他们的绩效。

（2）目标设置理论。目标本身就具有激励的作用，目标能把人的需求转换为动机，使人们的行为朝着一定的方向努力，并将自己的行为结果与既定的目标相比较，及时进行调整和修正，从而达成目标。这种将需求转化为动机，然后动机支配行动以达成目标的过程就是目标激励。设定目标有两个必不可少的条件：员工必须清楚目标和知道采取什么行为去达成目标；员工必须接受目标，愿意采取必要的行动去完成目标。

这种目标设置理论被广泛应用于企业的日常经营过程之中，有绩效导向的、有结果导向的、有价值创造导向的，而这些目标管理的特点就是提倡员工的参与管理，提倡员工的自我控制，提倡管理者下放权力，注重成果和及时反馈。

（3）公平理论。公平理论指出：人的工作热情度不仅与个人实际报酬的多少有关，而且与人们在报酬的分配中是否感到公平也密切相关。人们总会有意识或无意识地将自己付出的劳动成本和得到的回报与他人进行比较，并对公平与否做出判断。公平感直接影响员工的工作动机和行为。所以，从某种意义来说，动机的激发过程其实就是人与人进行比较，做出公平与否的判断，并据此指导行为的过程。公平理论研究的主要内容是员工薪酬分配的合理性、公平性及其对员工产生积极性的影响。

对于管理者而言，公平理论则要求在管理过程中能够确保前提公平、评定公正、过程公开，真正提高员工的工作积极性和对反馈的认同感。

（4）强化理论。人们做或不做某种行为只取决于一个影响因素，那就是行为的后果。强化理论提出了一种"操作条件反射"论点，认为人或动物为了达到某种目的，会采取一定的行为作用于环境。当这种行为的后果对它有利时，这种行为就会在以后重复出现；对它不利时，这种行为就减弱或消失。人们可以用这种正强化或负强化的办法来影响行为的后果，从而修正自己的行为。

管理的本质是教育，因此强化理论也被运用到企业的日常管理之中，尤其是针对管理规范和行为准则的职业操守培养过程。要注意的是：强化理论强调以正向强化为主，慎重采取负向强化，同时要具备强化的时效性，兼具及时性与即时性；强化的方式要因人而异，因岗位性质而异；及时沟通、及时反馈，利用信息反馈增强强化的效果。总之，无论是过程激励还是内容激励，其本质都是为了激发员工的工作积极性、提高员工的工作满意程度，以此来提高组织价值创造和产出效率。

（三）总体薪酬模式

在各种激励理论的指导下，各个组织依据组织的发展阶段和实际运行情况，制定了相应的管理措施。随着时代的发展、社会的进步、管理主体的改变，传统的管理方式方法和手段也必然需要进行相应的革新。

个人报酬直接来自组织目标的实现，即成就激励使工作目的的达成成为工作本身最大的乐趣和回报。当个体完成一项任务时，由人脑散发的多巴胺能够促使身心愉悦，而这种释放多巴胺带来愉悦体验的过程，在心理学家看来，就是成就动机带来的愉悦体验，这种愉悦体验会促使员工不断地攻坚克难、积极进取。

个人报酬也来自组织提供的个人刺激，来自组织层面对于劳动、知识和技术的回报，包括工资、奖金、福利等。此外，个人报酬还来自组织的成长和发展给员工带来的成长和发展。当组织战略目标不断实现时，员工的成就动机和自我开发意识会不断地随之高涨，最终实现企业成长和员工成长的双赢局面。理论应用于实践，在国内企业的实践中，组织对员工努力工作的奖励大致可以分为三种，即物质激励、精神激励和全面薪酬激励。

1. 物质激励——员工努力工作的保健因素回报

薪酬激励理论中的物质激励在目前的企业界仍然占据主导地位。传统的企业组织中，将员工个体假设为"经济人"，这是组织给员工物质回报的基础性因素，并由此而派生了计件制薪酬。当代商业社会的物质激励，指的就是组织运用物质的手段使个体得到物质上的满足，进一步调动其积极性、主动性和创造性，物质激励主要有现金、期权、实物等，物质激励的出发点是关心员工的切身利益，不断满足他们日益增长的物质文化需求。

企业中的物质激励手段主要有基础工资、奖金、津贴、股票计划、福利等。基础工资是企业按照一定的时间周期，定期向员工发放的固定薪酬。基础工资又分为基本工资、岗位工资、学历工资、年功工资等。奖金是薪酬中的可变部分，是企业根据员工的卓越行为或者超额业绩给予的奖励，奖金可分为单项奖、月度奖、季度奖以及年终奖。津贴往往是企业对员工工作中存在的不利因素的补偿，津贴不是普惠制的，只有在特定环境下工作的员工才会获得相应的津贴，津贴的形式多种多样，比较常见的有夜班津贴、加班津贴、交通津贴、伙食津贴、出差津贴、通信津贴、住宿津贴、高温津贴等。股票计划是企业对员工进行中长期激励的主要手段，包括员工持股计划（Employee Stock Option Program，ESOP）、股票期权（Stock Options）、限制性股票（Restricted Stock）和管理层收购（Management Buy-Outs，MBO）。福利通常表现为各类保障计划，如住房补贴、商业保险等。

2. 精神激励——让工作成为工作本身最大的乐趣

梅奥的"社会人"研究假设指出，人们在工作中最注重的是与周围的人搞好关系，物质利益是相对次要的因素。人是独特的社会动物，只有把自己完全投入集体之中才能实现完全的"自由"。

双因素理论将工作充满成就感、工作本身具有挑战性、工作上的成绩能够得到社会的认可、职务上的责任感、职业得到发展等统称为激励因素。满足这些因素能够极大地调动员工的积极性。随着知识型员工的崛起，越来越多的企业开始注重精神层面的认可激励。国内外很多企业在游戏化工作环境的过程中，提高了员工参与的成就动机，激发了员工对于工作本身的兴趣所在，例如，上海盛大网络发展有限公司的游戏化管理方式。

3. 全面薪酬激励——360° 认可回报

随着薪酬理论的不断发展，在所有组织中，最重要的是提供适当的激励措施，来激发员工的工作热情和组织认同感。切斯特·巴纳德将诱因分为两种：第一种是特殊的、可以向个人提供的诱因；第二种是一般性的、非个人的、不能向个人提供的诱因。①特殊诱因，主要有物质诱因、个人的非物质机会、良好的物质条件、理想信念；②一般诱因，主要有社会关系的吸引力、增加员工参与管理的机会等。

这些观点成为总体薪酬理论的思想源泉，密歇根大学的约翰·E.特鲁普曼提出总体薪酬的概念，即自助式薪酬，也称为全面薪酬、360° 薪酬。一般来说，总体薪酬有两种分类方式：一种方式是将报酬分为内在报酬和外在报酬；另一种方式是经济性报酬和非经济性报酬（见表4-3）。

表 4-3　总体薪酬的分类方式

	经济性报酬	非经济性报酬
特殊薪酬	个人绩效奖金、年薪制度、技能薪酬等	具有挑战性、趣味性的工作；个人成长与发展的机会；个人成就感；工作责任感、使命感
普适薪酬	职位薪酬、年功薪酬、利益分享等	良好的工作环境、社会地位、和谐的人际关系、弹性的工作时间

资料来源：张小峰. 全面认可激励：数字时代的员工激励新模式［M］. 上海：复旦大学出版社，2018.

旧的薪酬体制已经不能起到吸引、保留和激励现代员工的作用。总体薪酬方案不是仅包括工资、福利和奖励，而是由十种不同类型的薪酬组成，即基本工资、附加工资、福利工资、工作用品补贴、额外津贴、晋升机会、发展机会、心理收入、生活质量（工作和生活平衡）、私人因素（员工个人的需求）。这十个因素构成了总体薪酬体系。任何有利于吸引、激励或保留员工的有价值的东西，都可以作为总体薪酬的内容。在总体薪酬理论的基础上，华夏基石建立了中国企业对员工进行激励的总体薪酬模型（见表4-4）。

表4-4 华夏基石的总体薪酬模型

指标	做法
经济性回报	承认人力资本价值，给员工合理回报 （工资、奖金、福利、期权）
愿景与目标	共享愿景与核心价值观，追求共同的目标
机会与发展	设计多样的职业通道与职业发展前景
理解与尊重	贴近员工，了解员工，尊重个性
沟通与信任	双向沟通，建立信任关系
授权与赋能	合理有效授权，帮助员工提升能力
支持与辅导	管理者当教练，在关键时刻及时给予员工支持
评价与反馈	客观公正地评价员工的能力与绩效，并及时反馈评价结果
团队与氛围	营造良好的团队氛围，调节团队冲突，建立和谐的 内部人际关系
知识信息共享平台	知识共享，提升员工能力，将个人知识转化为公司知识
标杆示范	寻找标杆，明确差距；确定追赶目标；树立榜样， 领导率先示范
压力与强化	将适度压力转化为内在动力，通过竞争淘汰模式 激发员工潜能

资料来源：张小峰.全面认可激励：数字时代的员工激励新模式［M］.上海：复旦大学出版社，2018.

　　不难看出，管理的核心命题就是激励，而激励员工的手段其实多种多样，从总体薪酬模型出发，可以系统地优化企业内部的激励模式。除此之外，企业也可以思考其他的激励措施，比如游戏化管理、幸福管理、认可激励、荣誉体系等。当然，企业也可以基于以上几类激励措施，探索全面认可激励模式。

第二节　管理新思维："职业游戏"与 "幸福生活"

一、游戏化思维让枯燥的职场"活"了起来

（一）游戏化管理新思维

1. 定义

游戏化思维本质上是"社会人"的管理思想的演变，尤其是经济社会充分发展的后工业时代，经济型报酬作为保健因素无法提高员工的工作满意程度，从激励因素角度出发，如何提高工作本身的挑战性和增加工作本身的趣味性成为管理者需要解决的难题。大脑中的奖赏系统（Reward System）在某些行为（如觅食、嬉戏等）过程中会释放出多巴胺这种引起愉悦快感的物质，于是形成这样一个过程：做出某种动作（如进食）→大脑给予奖励（释放多巴胺）→继续进行某种动作。具有游戏化思维的企业管理概念最早是由凯文·韦巴赫提出的，之后游戏化管理开始引起人们的关注。游戏化管理是指在非游戏情境中运用游戏元素和游戏设计技术，来激励员工、提高员工的参与度和工作的趣味性。

英国学者汤姆·查特菲尔德经过大量实证研究，总结出游戏化管理中

的七大激励方式，对游戏化管理运用到企业管理实践具有重要的借鉴意义（见表4-5）。

表4-5 游戏化管理中的七大激励方式

方式	具体做法	理论
明确的成长路径	用经验值度量进程：随时追逐进度，在不断战胜自我、不断肯定自我的过程中获得成就感	强化理论、目标设置理论
短期目标与长期目标相结合	把任务分割：分为可计量的短期目标和长期目标，并同玩家获利挂钩，提高目标意识和过程管理意识	目标理论、期望理论
进行正向激励，避免负向激励	奖励成就，不惩罚失败：正向反馈激发积极性，负向反馈降低积极性，负向反馈并不能增强参与人员的积极性	学习理论、期望理论
及时反馈，快速试错	及时反馈：及时满足需求，及时评价，及时改善行为	学习理论、强化理论
通过不确定的惊喜增强激励效果	不确定的惊喜：持续提供巅峰体验，增强参与意识，降低激励效果的边际递减效用	需求层次理论、期望理论
提高组织归属感	合作：提高组织归属感和组织认同感，提高社交黏性和交互性，获得集体的归属感	"社会人"假设、需求层次理论
自主化氛围	充分的自由度：提供适合创意性人才进行创新所需的必要条件	知识型员工、创新理论

资料来源：张小峰.全面认可激励：数字时代的员工激励新模式［M］.上海：复旦大学出版社，2018.

2. 要素

大多数游戏化系统中都包括三大要素：点数、徽章和排行榜。

（1）点数。点数在游戏化运用中有六种不同的方法。①有效记分。点数可以告诉玩家他们表现得很好。点数也可以划分为不同的等级，例如，需要10000点才能晋级到第5级，达到第5级就是超级玩家，可以进入更高级选项。②确定获胜状态。在一场有输赢机制的游戏中，点数可以确定游戏过程中"获胜"的状态。③在游戏进程和外在奖励之间构建联系。例如，如果参与者获得了1000点，就可以换取一套餐具，获得1000000点，就可以换取欧洲游往返机票等。④提供反馈。明确而频繁的反馈是游戏化的一个关键，点数能快速、简单地实现反馈，它是最详细的反馈机制，每一个点数都是给用户的即时反馈。⑤成为对外显示用户成就的方式。⑥为游戏设计师提供分析数据。玩家赢取的点数很容易被追踪和储存以及进行相关的数据分析。

（2）徽章。徽章则是点数的集合，是一种视觉化的成就，不同类型的徽章可以被用来鼓励不同种类的活动。企业也可以评出金牌供应商和五星级员工，这些都是认可和激励的手段。

（3）排行榜。排行榜是最难运用的游戏要素。一方面，排行榜有助于激发参与者的驱动力，使参与者不断冲击排行榜前列；另一方面，如果参与者发现距离排行榜前列太遥远，也可能削弱其士气。不过，排行榜可以调整为动态的点数记分牌，可以在不同属性和维度上进行追踪，从而更好地增强游戏化效果。仔细研究游戏化的要素会发现，游戏同现实中的组织场景也有许多相通之处（见表4-6）。

表4-6 游戏管理与现实管理场景的对应

游戏化元素	现实管理场景
游戏中的玩家	组织中的个体
经验值	企业管理中的绩效考核
荣誉勋章或游戏等级	岗位等级和职务等级，主管级、经理级
游戏中的任务	企业经营中的目标
玩家所得回报：金币、愉悦感、等级	企业个体回报：奖金、职位晋升等
工会或社区	企业中的组织社会化

资料来源：张小峰.全面认可激励：数字时代的员工激励新模式［M］.上海：复旦大学出版社，2018.

目前，国内的"游戏化管理"模式主要是借鉴游戏规则中的经验值管理系统，设置激励因素（奖金、晋升、加薪等）。员工的奋斗目标激发员工的各种需要，强化员工的工作动机，并通过经验值管理系统进一步明确目标，让员工根据自己的经验价值实时判断目标的可实现性。

（二）游戏化思维的具体实践

游戏是一种强烈且充满人性化色彩的驱动力，游戏管理是在一种充满乐趣的氛围中为员工设定目标的模式。谷歌内部通行着一种叫作"谷币"（Goobles）的货币，工程师们可以用它来兑换稀缺的服务器时间，也可以用它预测业绩。此外，谷歌在其报销系统里也加入了游戏化理念，如果某一位员工的差旅机票低于公司标准，剩下的费用便会捐赠给一个叫"员工的选择"（Worker's Choice）的慈善团体。

1. 游戏化思维实践

在任何领域，游戏化思维都可以付诸实践，尤其是内部游戏化、外部游戏化、行为改变游戏化这三类实践。

（1）内部游戏化也被称为企业游戏化，是指公司利用内部的游戏化机制提高生产力、鼓励创新、增进友谊，从而获得更高的业绩产出。

（2）外部游戏化通常与客户或潜在客户有关，目的是取得更好的营销效果，改善企业与客户之间的关系，提高客户参与感及品牌忠诚度。例如星巴克的奖励计划，当顾客集满 15 颗星星后，可以获得赠饮一杯，集满 30 颗星星，可以升级到"绿星等级"，获得免费的糖浆以及咖啡的续杯。

（3）行为改变游戏化旨在帮助个体形成更好的习惯。例如，扇贝英语的打卡计划、Keep 的健身计划、微信运动的排行榜等，都对个体的行为改变起到了良好的引导作用。

2. 游戏化管理应用

游戏化管理应该从满足员工的需求或实现员工的期望值入手，不断跟踪、强化员工的工作行为，实现员工所追求的目标，在管理过程中有效激发员工的潜能，通过实时激励、即时反馈，将激励方式由被动激励转变为主动激励，提高工作本身的乐趣。游戏化管理模式的激励过程如图 4-2 所示。

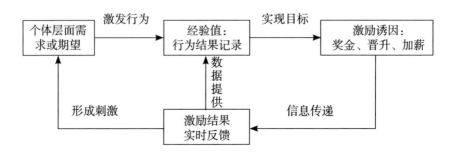

图 4-2　游戏化管理模式的激励过程

随着游戏化管理研究的深入，许多知名企业开始探索游戏化管理的应用。塔吉特（Target）超市把结账工作变成了一场刺激的积分竞赛，鼓励收银员提高结账速度。思科（Cisco）公司鼓励全球销售人员帮助一位虚拟女士解开其父亲遗物之谜，从游戏中熟悉公司的产品并建立合作关系。上海盛大网络发展有限公司根据游戏规则设计晋升体制，员工就像游戏通关一样，在某一层级的分数累积满后就可以晋升。美国餐饮连锁店 Not Your Average Joe's 采用软件追踪员工为顾客服务产生的营业额，最优秀的员工可以获得自主选择工作时间等奖励。在 IT 系统内，企业如果发现某位员工卖出很多开胃菜，但没卖出任何甜点，就会给员工发送一个"任务"，即在当晚向顾客推荐一定数量的餐后甜点，让顾客的就餐体验更加完美。

随着新生代员工不断成为职场的主力，游戏化的人力资源管理体系也成为互联网时代知识型员工管理的一个重要手段。融合工作和玩乐的游戏化人力资源管理模式如图4-3所示。

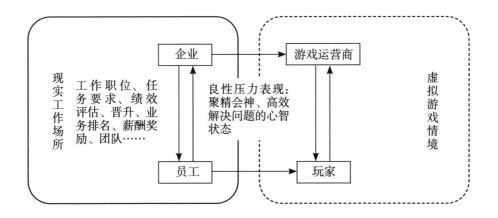

图4-3　融合工作和玩乐的游戏化人力资源管理模式

3. 游戏化管理体系的构建过程

管理者在构建游戏化管理体系过程中要注意以下六个步骤：

（1）明确商业目标。商业目标可以是绩效层面的，比如达到什么样的财务指标；商业目标也可以是客户层面的；在目标设定过程中，管理者可以借鉴平衡计分卡（Balanced Score Card，BSC）的具体做法。

（2）锚定目标行为。任何符合组织价值观念、能够促进组织战略目标实现的员工行为，都应该被提倡、被鼓励、被认可。

（3）员工纳入体系。根据部门、业务条块、专业岗位等不同的特点，将员工纳入游戏化管理体系，同时让员工了解系统运行的规则和逻辑以及系统倡导与鼓励的行为。

（4）制定活动周期。同绩效考核一样，游戏化管理也强调时效性，游戏化管理除了要与员工明确目标和时间节点外，还要在明确的活动周期内，提升员工的效率意识和紧迫感。

（5）提高工作乐趣。游戏化管理的精髓在于提高工作的乐趣，在提高刺激性和成就感的管理目标实现之前，管理者要尽力提高员工在工作过程的快感。

（6）采用合理措施。管理者应采取必要的管理措施，提高员工的参与度，如积分奖励化、积分拍卖、时间拍卖等。

二、产业工人管理的新思路就是为员工制造幸福

（一）企业社会化转型：管理者要为员工制造幸福

彼得·德鲁克在其经典著作《公司的概念》（*Concept of the Corporation*）中提到了企业的社会责任。社会企业是什么？社会企业的使命是将利润与周边的环境及利益相关者的需求相结合的一种组织概念。社会企业对客户、对股东、对员工都肩负自己的使命和责任。查尔斯·汉迪认为，企业的目的不是利润，而是永续经营，利润只是维持其生存的手段，企业并不是归股东所有，不是任其处置的财产，而应该是一个社区。固铻电子、京东等企业已经走在了时代的前沿，它们的种种举措揭示着企业家对于企业存在意义的思考和探索，也在一定程度上证明了建设"幸福企业"的必要性和紧迫感。

1. 固铻电子的"幸福企业"体系

固铻电子的"幸福企业"体系包括八大模块：人文关怀、人文教育、绿色环保、健康促进、慈善公益、志工拓展、人文纪录、敦伦尽分（见表4-7）。

表 4-7　固锝电子的"幸福企业"八大模块

模块	内容
人文关怀	困难员工基金、幸福领班、知心姐姐、关爱准妈妈、幸福午餐沟通会、爱心车队、快乐理发师、离职员工座谈会、领班关爱基金
人文教育	圣贤教育、礼仪讲座、孝亲电话、好话一句分享、家庭日、读书会、生日会
绿色环保	绿色设计、绿色采购、绿色制造和绿色销售
健康促进	设立幸福医务室、完善员工健康档案、开展健康培训
慈善公益	关爱智障儿童、关爱老人、社区关怀、弱势群体关怀
志工拓展	志工培训、志工体验日、志工护照、志工统一服装和标志、《志工管理条例》
人文纪录	通过文字、图片、影像把爱的足迹记录下来，为"幸福企业"书写历史，为"幸福企业"的复制提供借鉴资料
敦伦尽分	恭敬心，精益管理，经费减半，销售倍增，我爱我设备，金点子，答案在现场

资料来源：张小峰.全面认可激励：数字时代的员工激励新模式［M］.上海：复旦大学出版社，2018.

在幸福企业的八大模块基础上，固锝电子的福利体系也相当完备（见表4-8）。

表 4-8　固锝电子的福利体系

对员工子女的关爱	孩子入当地公办学校就读、少儿医保费用报销、独生子女费
对员工的关爱	生病住院员工关怀、员工或家属急难关怀、幸福宝宝关怀、黄金老人关怀、特困家庭和重大疾病员工或家属关怀、员工直系亲属往生关怀、公司在当地公立医院建立固锝绿色通道、领班关爱基金、员工工龄续接（针对再次加入公司的老员工）、准妈妈关怀
各种补贴	餐贴或免费工作餐、夜班补贴、星级补贴、工龄补贴
公司额外福利	庆生会、结婚庆贺、员工生子庆贺、中秋节与国庆节慰问、妇女节慰问、工会会员福利、开门红包、发放年终奖与工资之外的奖金

续表

提升性培训福利	带薪在公司内外部培训、优秀员工特别福利（与家属前往国外旅游度假）
法律法规要求的福利	全员缴纳社保，部分员工缴纳商业保险、带薪年休假、缴纳住房公积金
间接员工福利	干部车贴、工作手机及公司提供收费套餐

资料来源：张小峰. 全面认可激励：数字时代的员工激励新模式［M］. 上海：复旦大学出版社，2018.

2. 向京东学习如何关爱员工

随着京东人员规模的不断扩大，培训也被提升为公司层面的战略。京东发展的关键就是站在企业的角度长远地看待人员发展问题，其借助 IT 技术的力量，从经营产品型企业转变为经营知识型企业。京东通过提升企业内部的学习氛围，让员工在这个庞大的组织中找到归属感。

京东制定了较完善的福利体系，主要包括以下几个方面：

（1）薪酬福利。京东为一线员工提供各项补贴，包括餐费补贴、全勤补贴、工龄补贴、夜班补贴、防寒防暑补贴、通信补贴、住房补贴等。

（2）员工关怀。京东对员工结婚、生子都有相应的关怀；同时还成立爱心互助基金，帮助家境困难的员工。

（3）员工培养。京东与大学合作，启动"我在京东上大学"等项目。

（4）文化活动。为员工提供价值观行为积分卡计划、全国运营线员工业务技能大赛等项目。

（二）"幸福企业"的典型性实践

阿里巴巴的福利体系主要包括三大模块：财富保障、生活平衡和健康保障。其中，财富保障除了社会保险和住房公积金外，还包括表4-9所示的措施。

表4-9　阿里巴巴福利体系包含的内容

财富保障	具体措施
iHelp蒲公英计划	秉着"我为人人，人人为我"的互助精神，设立阿里巴巴公益基金，当员工家庭（配偶、子女）患有重疾、残疾或身故时给予最高20万元的经济援助
iHope彩虹计划	为了帮助那些因遭受重大自然灾害、突发事件或重大疾病等生活出现重大困难的阿里巴巴员工，公司给予最高5万元的无偿援助金，与员工及家属共同渡过难关
iHome置业计划	员工可申请最高30万元的无息贷款，分担购房的首付压力
小额贷款	在员工结婚、装修、买车、旅行、培训等综合性消费需要贷款时，阿里巴巴与商业银行协商提供优惠的小额消费贷款，解决员工暂时性的资金困难

资料来源：揭秘阿里的福利待遇：3大领域、23个福利项目！［EB/OL］.https://www.sohu.com/a/287707622_100056279，2019-01-09.

在生活方面，主要包括集体婚礼、阿里日、中秋礼包、带薪假期、特色路途假、员工餐饮、团队建设、幸福班车、iBaby子女教育关怀项目、年休假、孕妇休息室、健身房等一系列福利措施。

（1）集体婚礼。一年一度的集体婚礼是阿里巴巴的传统，也是阿里巴巴汇聚爱、传递爱、感受爱的特殊方式。

（2）阿里日。5月10日是阿里巴巴一年一度的"阿里日"，在这一天阿里巴巴都会举办庆祝活动，员工可以穿奇装异服，可以带孩子、家人、朋友到阿里巴巴参加各种各样的活动。

（3）年陈。每位员工在阿里巴巴都会过两个生日：一个是出生的日子；

另一个是进入阿里巴巴工作的纪念日。酒，愈久弥香；人，日久情深。每一位阿里巴巴的员工都会经历一年香、三年醇、五年陈。五年陈的纪念品是一枚私人定制的指环。

（4）中秋礼包。每年中秋节，阿里巴巴都会给员工提供具有阿里巴巴特色的月饼礼盒，让员工与家人共度佳节。

（5）带薪假期。为了保障员工的工作与生活平衡，阿里巴巴为员工提供了各种带薪假期，如年休假、病假、孕期检查假。

（6）特色路途假。阿里巴巴还有特色的路途假，对于异地探望父母和配偶的员工，每年提供一次最长 3 天的路途假。

（7）其他福利措施。丰富多彩的团队活动、舒适的就餐环境、营养的膳食搭配、免费的晚餐和夜宵、往返杭州和上海的免费幸福班车、专业的健身器具和教练，加上为了解决大部分员工子女来阿里巴巴读书的问题，阿里巴巴还定期开展育儿教学、组织亲子活动、制作亲子杂志等丰富的活动，这些举动无不散发着阿里巴巴的"幸福"味道。

第三节 认可是更有效的正向激励措施

一、管理者的二度修炼：善用认可的力量

（一）行之有效的管理措施：认可激励

新时代员工的需求更加多样化，更加注重自我，这些都对管理者提出了更高的管理要求。在企业管理实践中，管理者经常会遇到如下问题：①如何有效、低成本地激励员工？②如何最大化地发挥组织中 70% 以上的人力资源效能？③如何发挥组织内部的正能量？④如何在组织内建立透明的、有趣的、共同认可的管理文化和管理规则？⑤如何更加数据化、科学化地评价员工的表现？

在新时代、新思维下，管理者必须进行二度修炼，要从正向激励开始。正向激励是对人的行为进行正向强化，使人在一种愉快的心情下继续其行为，并进一步调动其积极性。负向激励则是对人的行为进行负方向的强化，采用批评、责怪、处罚等强制性、威胁性的方式，以杜绝某类行为的发生。

正向激励主要是以鼓励和表扬的形式为主，通常有两种形式：一种是奖金、提成、带薪休假、期权等物质奖励；另一种是信任、表扬、晋升等精神

奖励。负向激励的目的是让员工产生危机感，督促员工保持良好的职业道德与行为习惯，主要形式有批评、罚款、降职、淘汰等。正向激励、负向激励均是激励机制的组成部分。根据"权利、责任和利益对等"的原则，在实际工作中，正向激励和负向激励应有机结合使用，不可偏废。强调正向激励的作用而忽视负向激励的约束作用是一种不正确的、片面的管理方法，正如过于注重负向激励的威慑力而不注重充分发挥正向激励的正向作用一样，不利于团队执行力的有效发挥。

因此，如果企业运用传统的人力资源管理手段感到效果不佳时，不妨使用一种新的人力资源管理工具——认可激励系统。在互联网技术高度发达的今天，与互联网相结合的认可激励系统为企业的人力资源管理提供了新手段。那么，究竟什么是认可激励？它又从何而来呢？

"认可激励"中"认可"的英文是"Recognition"，意思是"承认、认可、接受、赞誉、赏识"。认可激励在西方的管理实践中很受重视。认可激励是指全面、及时地认可员工对组织的价值贡献及工作努力，并及时对员工的努力与贡献给予特别关注、认可或奖励，以激励员工发展潜能，从而创造高绩效。

员工希望自己对组织的价值得到认可和欣赏，这是一种内在的心理需求。对员工的行为、努力和绩效给予赞扬与感谢可以为组织创造一个良好的平台，让员工的潜能得到充分发挥，进而提高组织的人力资源效率。

认可激励的初级形态就是管理者对同事或对下属员工的称赞和认可行为，然而这种行为常常是随机的、偶发的。2000年以来，随着知识型员工的兴起以及西方管理学界对知识型员工管理问题的重视，许多公司纷纷制订了各自的员工认可计划、员工奖励计划，这些计划的内容包括员工康养计划、流动管理、弹性工作制、培训和发展计划等。近年来，随着互联网的快速发展，借助全面认可激励信息化系统，认可激励从线下行为走向线上，并根据员工的积分记录，为实现大数据管理奠定了基础。国外甚至出现了从事认可激励信息化系统的软件公司，与互联网相结合的认可激励系统或平台已经成为认可激励发展的高级形态。

员工的激励问题一直是人力资源管理的核心问题之一。员工既需要物质激励，也需要非物质激励，两者具有同等重要性。

20 世纪 50 年代末期，赫茨伯格通过对上千个调查案例的研究提出了著名的双因素理论，他认为有两种不同性质的因素影响着员工的工作，即保健因素和激励因素。赫茨伯格从上千个案例的调查中发现，使员工感到非常满意的因素主要是工作的成就感、工作本身具有挑战性、工作中得到认可和赞赏等（见表 4-10）。认可激励成为工作中一项重要的激励因素。

表 4-10　保健因素与激励因素

保健因素（外在因素）	激励因素（内在因素）
公司的政策与行政管理 与同事之间的人事关系 工作环境或条件 薪酬 职务、地位 工作的安全感	工作的成就感 工作中得到认可与赞赏 工作本身具有挑战性 工作职务上的责任感 工作的发展前途 个人成长、晋升的机会

资料来源：张小峰 . 全面认可激励：数字时代的员工激励新模式［M］. 上海：复旦大学出版社，2018.

因此，各级的管理者都应该掌握一些灵活的人力资源管理手段。认可激励制度为企业在制度层面和管理层面提供了一套非常有效的非物质激励工具。彼得·德鲁克认为知识型员工具有如下明显特征：①知识型员工普遍具有相应的专业特长和较高的个人素质；②具有强烈的实现自我价值的愿望；③高度重视成就激励和精神激励；④具有很高的创造性和自主性；⑤具有较为强烈的个性蔑视权势；⑥很难对工作过程进行监督和控制；⑦工作成果不易直接测量和评价；⑧工作选择具有较高流动性。知识型员工的管理也是中国企业关注的管理课题。人才激励一直是企业人力资源管理的核心。激励的工具有许多，货币报酬是其中应用最广泛的一种。但是随着企业人力资源管理不断深入，货币报酬的弊端与局限逐渐显现，如工资总额的限制、基本薪酬刚性特征等，认可激励由此进入雇主的视野。

认可激励是指组织通过正式或非正式的方式承认员工的绩效贡献并对员工的努力给予特别关注。在总体报酬体系中，认可激励属于非货币报酬的一部分，是企业对员工进行的情感投资，体现了企业对员工精神需求的关注，也表达了企业践行并期许的平等、信任、共赢的文化。认可激励基于潜能管理思维，不仅可以驱动员工完成绩效，同时可以释放员工的无限潜能，这可以有效弥补目标管理的缺陷。认可激励可以激励绩效提升、激励标杆行为、激励公民行为、激励员工忠诚、激励员工成长、激励客户忠诚等。认可激励能够帮助改善企业在绩效管理、薪酬管理、人才保留等方面的困境，又能够满足企业控制人工成本、提升员工满意度和忠诚度的诉求，同时能够助力企业挖掘人才潜力、传递企业文化和价值观、营造充满正能量的工作氛围、巩固并加强企业凝聚力，最终实现持续的绩效提升。

（二）善用认可的力量

1.认可激励的两个角度

管理者在使用认可激励时，可以从以下两个角度出发：

（1）对个体存在的认可。对员工来说，对个体存在的认可意味着他人意识到自己存在，愿意考虑自己的需求。员工作为一个完整独立且有自己独特的生理、心理情感以及认知特征的人，其希望自己被尊重。对个体存在的认可可以通过正式的形式来实现，也包括一些非正式的、非物质的认可形式，例如以下七种：①定期向员工说明公司目标和战略；②在项目的设计和指导阶段咨询员工，使其参与其中；③个性化的安排和弹性工作时间；④在工作中给员工一定的决策权限；⑤提供培训和升级课程以促进员工发展；⑥提高管理者的可见性／可访问性；⑦鼓励员工在工作中互相支持。

（2）工作表现的认可。认可工作表现意味着关注员工在履行职责时采用的方法，关注他们的行为、技能、专业资质；关注与员工的工作过程，特别是他们的创造性、创新性以及对工作方法的持续改进。认可员工的工作表现强调的是认可"员工做了什么"，而不是"他们是怎样的人"，具体可以通过以下五种方式实现：①鼓励对员工的专业资格进行反馈；②让管理者认可每一位团队成员的专长，并根据他们的能力分配任务；③在团队评价和员工绩效评估中考虑工作过程的因素；④给予专业行为奖励，建立奖励创新方案；⑤收集来自客户的个性化感谢信，表彰员工提供的服务质量。

2. 李锦记的认可员工计划

李锦记认为，认可是激励员工的更好方式。及时的认可不仅会让员工感觉到公司对他们的工作是尊重的，还能对员工起到激励作用，并且同时也给员工一个明确的信号，即公司支持他们的行为。

李锦记管理人员表扬员工时采用多种方式，有时是和员工握手，或是说声"谢谢"，或是发一封邮件、写一张便条向员工表示感谢。用得最多的方式是以发手机短信向其表示祝贺，由人力资源部组织，在公司内部局域网系统设置一项群发短信功能。管理人员可以在电脑上输入，通过群发短信将祝贺在第一时间发送到有关员工的手机上。

对于完成了某个项目的员工，除了在正式会议上公开表扬外，高层管理人员还会请员工吃饭，并给员工的亲人打电话表示感谢，或是送上一个小礼物；对于成功完成较大项目的员工，管理人员会按规定从专项经费中提取一定比例的资金奖励项目组成员去旅游。

除了物质奖励外，"私下认可"作为一种肯定员工的激励方式在李锦记也得到了广泛应用。为了感谢那些在公司服务满 5 年、10 年的员工，李锦记为其颁发刻有他们名字的纪念奖杯。

3. 惠普的"金香蕉奖"

在惠普，曾经有一名工程师急急忙忙地跑进主管的办公室，提出了一个困扰研发团队许久的难题的解决方案，主管非常激动，当时就想给这名工程师一个奖励，但是一时间却找不到合适的奖品，最后，他把午餐要吃的香蕉递给了工程师，并说："给你，你做得非常好！"一开始这一举动有点让人摸不着头脑，但后来逐渐在公司内部传开，结果证明这是一种被员工非常认可的奖励方式。公司为此设立了"金香蕉奖"，奖品是由香蕉演变而来的"金香蕉"勋章，作为公司最高荣誉勋章之一，致力于奖励有创造力和发明能力的员工。

4. 戴蒙德国际工厂的"100 分俱乐部"

相比惠普"金香蕉奖"的巧合，戴蒙德国际工厂的"100 分俱乐部"更为复杂且更有计划性。1981 年，厂长发明了一种生产效率激励计划，被称为"100 分俱乐部"，这个计划包括以下几个方面：

（1）不管是哪位员工，只要其在全年工作中没有发生任何工作事故，那么他就可以得到 20 分。

（2）如果员工的出勤率达到 100%，其可得到 25 分。

（3）每年的 2 月 2 日（这项计划开展的周年纪念日），工厂计算分数并将其发送到每位员工的家中。如果员工的得分达到 100 分，其将得到一件饰有公司标志和"100 分俱乐部"会员身份的浅蓝色外套。

（4）总分超过 100 分的员工可以收到其他礼物，总分达到 500 分的员工可以从礼物中任意选择一件，如家用食品搅拌器、烹饪器具、壁钟或纸牌游戏板等。

戴蒙德国际工厂的管理班子一针见血地指出，这些奖品中没有任何一件超出员工的购买能力，它的真正价值是其作为公司感激员工的一种礼品。1983 年，戴蒙德国际工厂的生产率提高了 16.5%，与质量有关的差错率降低了 40%，工人的不满意见减少了 72%，由于工业事故而损失的时间减少了 43.7%。这种转变意味着戴蒙德国际工厂增加了超过 100 万美元以上的毛利润。

5. 南瑞集团的企业文化激励卡

其实日常工作和生活中，有很多种认可激励的方式，如学校给学生发放的小红花、阿里巴巴给员工颁发的"一年香、三年醇、五年陈"纪念品等。以南瑞集团为例，其为鼓励全员主动践行集团文化，组织开展了企业文化激励卡活动，具体规则如下：

（1）分公司领导班子、副总工程师、部门正副经理等管理者每人每月拥有两张可发放的激励卡。

（2）管理者秉持公开、公正、严肃、认真的态度，关注并践行南瑞集团优秀特色文化——"务实创新、开放合作、严谨高效、敬业忠诚"，将微小进步的员工作为激励卡授予对象。

（3）管理者不可在一个月内将两张激励卡授予同一名员工，但一名员工可在一个月内接受不同管理者的多张激励卡。

（4）管理者可以将表现特别突出的获奖员工推荐给上级管理者。

（5）每张激励卡封面右下角标有积分，员工可累计积分，折算成奖金、书籍、培训基金、工具等奖品，积分当年有效。

（6）公司对获奖员工进行公示表彰。

（7）积分累计情况作为年终绩效考评依据之一。

6. 其他认可激励方式

除了"金香蕉奖""100分俱乐部"等激励方式以外，每家企业都可以采取很多种独具创意又收效良好的认可激励方式，如以下八种方式：

（1）杰出员工可以获得企业最高领导人签署的笔记本或书籍。

（2）每周安排一次用领导者专车接送本周表现最好的员工。

（3）在公共区域设立荣誉名册，张贴业绩突出员工的照片和事迹。

（4）为持续获评的前三名员工提供额外的带薪假期或公共旅行。

（5）定期评选出最优秀的团队，设立流动红旗，奖励表现最突出的团队。

（6）邀请杰出员工家属到公司参加年度庆功宴，并公开感谢杰出员工对公司工作的支持。

（7）给工作达到一定年限的员工颁发成就奖。

（8）各种单项奖励（最佳精神风貌奖、最佳业绩贡献奖、最佳团队奖等）。

当然，除了以上认可激励方式外，还有包括对工作奉献的认可、对工作结果的认可等多种方式。其实，认可并不能直接提高员工的工作绩效，而是通过改善员工的工作态度和日常行为来提高绩效，比如，提高员工的工作满意度、提高员工对组织的忠诚度等。因此，认可可用于奖励员工与企业文化、价值观、战略和业务保持一致的行为，并通过认可员工的价值来提升整体工作能力和绩效水平。

二、多维交互的认可激励模式

（一）内部客户化：提高周边协同效率

互联网技术的出现，让我们看到一种与以前完全不同的情况，即管理效率的提高不仅来自劳动分工，而且来自协作。管理者是否能够通过认可的方式，通过内部客户化的管理手段，提高内部协同效率，实现价值共生呢？内部认可体系发展经历了三个不同的阶段：第一个阶段是内部客户满意度调研；第二个阶段是周边协同评价；第三个阶段是内部客户认可。不同阶段的内部认可体系包括以下三个操作要点。

1. 内部客户满意度调研

内部客户满意度调研一般采取 360° 评估的方式。在实践中，利用 360° 评估方式来提高内部客户满意度要解决三个关键问题：内部客户满意度调查的工具如何设计？内部客户满意度调查如何组织实施？内部客户满意度调查的结果如何分析和应用？

首先，内部客户满意度调查一般不再采用问卷的形式。本书认为内部客户满意度调研问卷的设计应该包括四个方面：如何界定内部客户关系；如何根据不同的内部客户设计具有针对性的评估指标；如何对评估指标赋予权重；如何设计计分规则。其次，在内部客户满意度调查实施时，需要确定组织实施的牵头部门、外部机构、问卷填写人员，以及采取何种方式进行打分。最后，内部客户满意度调研结果处理方面也要注意一些要点，比如当存在多级内部客户关系且每一级中又有多个内部客户时，如何在评估者中分配权重？

评估周期是年度、半年度还是两年度？如何得出评估结果？如何与其他管理手段联动？

为了更具体地解决实践中最关键的三个问题，以下将从内部客户满意度评价的总体工作思路和程序展开论述。主要包括六个环节：定义内部客户关系；建立内部客户满意度模型；设计内部客户满意度调查问卷；组织实施内部客户满意度问卷调查；统计、分析问卷调查结果；撰写相关报告和文件。

第一步，定义内部客户关系。内部顾客关系的准确定义是建立内部顾客满意度模型的基础，也是抽样调查的基础。一般可使用访谈、问卷调查、资料研究（包括部门职责、工作流程图）等方式来梳理内部客户关系，在此基础上总结内部客户关系的类型，最终形成内部客户关系图。

访谈的主要对象是各部门的管理层以及参与部门协同工作较多的骨干员工，访谈的目的是了解：被评估部门服务于哪些部门，重点服务内容是什么；哪个部门为被评估部门服务，什么是关键服务内容；与相关部门的关系紧密度如何。

问卷调查作为一种标准化程度较高的收集信息的工具，能够调动全员参与，较为全面地了解各部门的职责与流程、部门间服务关系与服务内容，以及在实际工作中出现的内部客户服务方面的不足之处。此外，通过内部管理制度、流程、部门职责说明书等资料可进一步补充和收集内部客户关系的相关信息。

通常，内部客户关系可根据服务内容分为以下四类：①流程服务，主要服务内容可分为数据、信息、资料提供，以及权责关系上存在审批、审核等关系；②职能服务，主要服务内容为产品或者方案的提供、任务协作关系等，比如行政部门向各部门提供办公用品、信息部门进行公司等信息系统开发与维护、产品部门与市场部门在营销上的协作；③管理服务，主要服务内容为政策制度等制定和咨询、指导；④战略联动，主要服务内容为战略性任务的配合，比如各部门对人力资源改革等战略性任务的支持程度。

在访谈、问卷调查、资料研究的基础上设计内部客户关系图初稿，根据内部专家和各部门的意见进行修改，最终形成各部门的内部关系图。本书以中国银行业务部为例，研究其内部客户关系及服务评价内容，如表4-11所示。

表4-11　中国银行内部客户关系及服务评价内容

被评价部门	内部客户	评价内容
业务部	国际结算部、银行卡中心、电子银行部、全球金融市场部、托管及投资者服务部、营业部	对产品部门业务发展的支持
	个人金融部、金融机构部	对营销活动的支持
	授信执行部	不良资产接收和处置过程中的协作
		授信执行过程中的信息、资料提供
	信息科技部	信息系统开发工作配合
	海外机构管理部	参与海外机构矩阵式管理
		战略任务或政策实施的配合支持
	人力资源部、奥运办、董事会秘书部、法律合规部、IT蓝图办、办公室、资产负债管理部、财会部、风险管理部	规章制度制定
	境内一级分行、海外机构	业务指导与支持

资料来源：张小峰.全面认可激励：数字时代的员工激励新模式［M］.上海：复旦大学出版社，2018.

第二步，建立内部客户满意度模型。内部客户满意度模型是与内部客户关系相对应的满意度评价指标体系。一个特定的内部客户关系对应一个特定的内部客户满意度模型，即一组评价指标。内部客户满意度评价指标可分为三个类别：①过程性指标。反映内部服务过程的指标，包括及时性、主动性、沟通性、态度、效率等。②结果性指标。反映内部服务结果的指标，包括合理性、可行性、有用性、问题解决的成效等。③综合性指标。对内部客户满意度进行综合评价的指标，包括服务改进状况、总体满意度等。

内部客户满意度评价指标遵循以下三个原则：①以部门间主要的、实际发生的内部客户服务关系为依据；②满意度评价指标与内部客户服务内容相对应，反映对服务内容的核心要求；③满意度评价指标同时强调内部客户服务的过程与结果。

建立内部客户满意度模型的具体做法包括：首先，通过访谈、问卷调查等方式对影响内部客户关系等因素进行调查和分析；其次，通过研究文献资料，如部门职责、实践案例等对内部客户关系的影响因素进行完善，在此基础上初步形成内部客户满意度模型，即满意度评价指标体系。SERVQUAL 模型是国际上较流行的服务满意度要素模型，经过华夏基石改造后的服务质量满意度模型如图 4-4 所示。

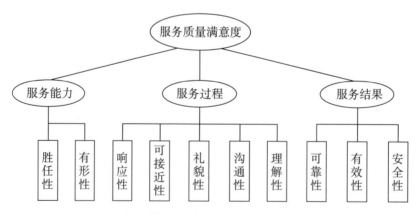

图 4-4　华夏基石改造后的服务质量满意度模型

资料来源：张小峰．全面认可激励：数字时代的员工激励新模式［M］．上海：复旦大学出版社，2018．

最后，基于既定的内部客户关系，综合各种信息，与各部门进行沟通，并根据其反馈意见完善各部门内部客户满意度模型即满意度评价指标体系。本书以中国银行业务部为例，其内部客户满意度指标如表 4-12 所示。

表 4-12　中国银行内部客户满意度指标

被评价部门	内部客户	满意度评价指标
业务部	风险管理部	相关数据、信息、资料提供的及时性和可靠性； 合作（支持配合）过程中的响应性与态度； 合作（支持配合）过程中的沟通与理解； 风险管理相关合作的成效； 工作反馈的接受程度
	一级分行	政策、制度制定的可操作性与有效性； 政策、制度制定的沟通、解释与反馈； 业务辅导与支持的响应性； 业务辅导与支持的成效； 辅导、支持和协作过程中的态度与理解性； 工作反馈的接受程度

资料来源：张小峰.全面认可激励：数字时代的员工激励新模式［M］.上海：复旦大学出版社，2018.

第三步，设计内部客户满意度调查问卷。内部客户满意度调查问卷，即将内部客户满意度指标转化为行为描述的形式，采用等级变量或者连续变量的方式进行计分。问卷的问题包括各项指标的打分及总体满意度的打分。采用等级变量时，一般可分为 A、B、C、D、E 五个满意度水平，根据其含义分别赋予不同分值：A 为非常满意，对应 120 分；B 为满意，对应 100 分；C 为基本满意，对应 80 分；D 为不太满意，对应 60 分；E 为不满意，对应 0 分。

公司内部满意度等级变量评价指标示例如表 4-13 所示。

表 4-13　公司内部满意度等级变量评价指标示例

A	沟通非常顺畅；深入理解本部门的解释、说明、意见和建议；对于存在的分歧，能够积极主动地进行认真、充分的协商，努力寻找建设性的解决方法
B	沟通状况良好；正确理解本部门的解释、说明、意见和建议；对于存在的分歧，能够积极进行协商，提出的质疑或要求总是合情合理、言之有据
C	沟通状况尚可；能听取本部门的解释、说明、意见和建议；对于存在的分歧，基本能通过协商来解决，提出的质疑或要求大多符合情理
D	沟通不够顺畅；不太注意听取本部门的解释、说明、意见和建议；对于存在的分歧，有时不能在相互协商的基础上提出合理的方案，倾向于单方面地提出要求或质疑
E	通常不能进行有效沟通；不听取本部门的解释、说明、意见和建议；对于存在的分歧不能在相互协商的基础上提出合理的方案，总是单方面地提出要求或质疑

资料来源：张小峰.全面认可激励：数字时代的员工激励新模式［M］.上海：复旦大学出版社，2018.

采取等级变量的计分方式的优点是简单、直观，便于评价人打分，但可能存在打分结果过度集中化、区分度小的缺点。此时可采用连续变量的计分方式对总体满意度进行调查，可将评分的区间扩大，以提高满意度调查结果的区分度。

第四步，组织实施内部客户满意度问卷调查。内部客户满意度问卷调查实施包括确定评价人、确定实施形式、组织实施。鉴于各部门负责人或团队主管通常参与部门间沟通协调工作较多，对各部门服务情况较为熟悉，因此评价人分为两类，即部门负责人或其指定的其他部门管理人员、团队主管。实施形式包括书面问卷调查和电子问卷调查两种，视情况采取现场调查或非现场调查。采取信息化手段能够提高调查实施、数据处理的效率，节省人力、时间成本。因此，当条件具备时应尽量采取信息化手段。调研完成后，需要对问卷进行检查和检验，统计有效回收率，确保数据的准确度。

第五步，统计、分析问卷调查结果。数据处理涉及三个方面：首先，须对同一被评价部门的不同调查对象赋予权重；其次，对作为评价者的部门内部管理者和团队主管之间赋予权重；最后，根据关系密切程度再次进行加权平均，关系密切程度分为非常紧密、紧密、松散联系，权重建议设为50%、30%、20%。经数据统计、计算后得出各部门内部客户满意度得分及系数，并将其应用于绩效结果中。由于部门间关系具有独特性、具体性和多面性，评价内容和指标差异较大，在总体上分析内部客户满意度的针对性较弱，须针对各部门分别进行内部客户满意度分析，与各部门进行沟通与反馈，以期发现问题、改进内部服务质量。

此外，内部客户满意度的调查可基于内部服务规范开展，各部门确立内部客户关系，建立内部客户关系服务规范和标准，包括服务内容和相应的服务标准，以此为依据设计内部客户满意度问卷或考核表。根据被评价部门的实际表现与该部门的服务规范和标准之间的达成程度进行内部客户满意度评价，此内部客户满意度评价（考核）与一般绩效考核的原理一致。

第六步，撰写相关报告和文件。当内部客户满意度评价之后，须根据企业内部实际情况撰写相关报告，报告既可以作为工作总结，也可以作为下一阶段工作提升的依据。

2. 周边协同评价

周边绩效也称"关系绩效"，周边绩效指的是与周边行为有关的绩效，能够促进组织内的沟通、协调和人际关系的改善，营造良好的组织氛围，有助于员工和组织绩效的提升。单纯的任务绩效易导致员工产生利己主义倾向，不利于团队凝聚力的发挥以及组织效率及整体效益的提升。利用360°评价工具开展周边绩效能够促使员工做出利他行为，部门间、员工间保持良好的工作协同关系有助于促进 KPI 指标的完成，进而提升组织绩效。周边绩效的实施程序主要包括确定周边协同关系、设计周边协同模型、设计周边协同考核表、组织实施周边绩效考核、周边绩效考核结果应用及反馈五个环节。

第一步，确定周边协同关系。根据企业的组织架构及内部协作要求，通常周边协同关系包括职能部门之间的协同以及职能部门与运营单位的协同。例如，华为公司在 KPI 考核的基础上借助周边协同评价手段，并利用促进协作的"二次分配"手段，减少因业绩归属争议所造成的组织隔阂与管理消耗，使职能部门更好地服务一线，让共同创造价值的相关组织通过"利出一孔"来实现"力出一孔"。

第二步，设计周边协同模型。Coleman 和 Borman（2000）应用元素分析等方法整合了前人提出的 27 种周边绩效行为，提出了一个三维模型（见表 4-14），即人际关系的公民绩效、组织公民绩效和工作责任感，从利于他人、利于组织、利于工作的角度定义周边协同行为。

表 4-14　Coleman 和 Borman 整合周边绩效行为提出的三维模型

人际关系的公民绩效	有利于他人的行为构成，包括利他行为、帮助他人的行为、与他人合作的行为、社会参与行为、促进人际交往的行为、谦虚以及文明礼貌的行为
组织公民绩效	有利于组织的行为构成，包括遵守组织规则和章程，赞同、支持和捍卫组织目标，认同组织的价值和方针，在困难时期留在组织以及愿意对外代表组织，具备忠诚、服从、公平竞争精神，公民品德以及责任感
工作责任感	有利于工作的行为构成，包括为完成自己的工作需具备持久的热情和付出额外努力、自愿承担非正式的工作、对组织改革提出建议、首创精神以及承担的额外责任

资料来源：Coleman V. I., Borman W.C. Investigating the Underlying Structure of the Citizenship Performance Domain［J］. Human Resource Management Review，2000，10（1）:25-44.

在考核中，为了便于理解和操作，更加明确地提出组织对员工协同性行为的期望，引导员工关注协同过程，同时追求服务质量和结果，可将周边绩效评价指标简化为五个方面：①服务的主动性；②响应的及时性；③解决问题的时间；④信息反馈的及时性；⑤服务结果与质量。

第三步，设计周边协同考核表。周边协同考核表包括部门考核表及个人考核表。首先，需要对周边协同模型进行分级并界定关键行为；其次，要对各指标赋予权重。

第四步，组织实施周边绩效考核。周边绩效考核周期可与其他绩效考核周期保持一致，共同进行。实施时应由对部门间协同参与较多的部门负责人、团队主管等进行评分。此外，考核应采取信息化手段以提高效率。

第五步，周边绩效考核结果应用及反馈。周边绩效考核结果应用包括两个方面：一是评估性应用，即将考核结果与其他绩效考核结果结合起来用于奖金发放、薪酬调整、职位晋升等；二是发展性应用，即通过总结考核中发现的问题，撰写周边绩效考核分析报告，通过构建员工素质模型、制定员工行为标准、开展知识与技能培训等方式改变员工行为，从而促进协同。

3. 内部客户认可

为了加强认可，管理者也可以采取内部客户认可的方式。例如，北京某物业服务公司，之前一直推行内部客户满意度和绩效评价，效果并不是很理想，随后开始尝试"小红花"和"提名奖"的认可方式。"小红花"是针对内部员工的日常行为表现所颁发的荣誉奖励，当员工在发展组织、发展事业、发展客户等方面的行为举止得到了管理者的认可时，将会被授予一朵小红花。具体而言，公司高层和各部门正职每人每年度有 5 朵小红花，可以将其赠送给员工。按照相关规定，3 朵小红花必须送给一线部门员工，2 朵小红花必须送给二线部门员工，每位高层和正职可以赠送 1 朵或者多朵小红花，但是需要具体说明赠送理由。同时还规定，小红花不能赠送给分管部门或者本部门员工。

在每年年底，公司根据小红花获得数进行排名，第一名获得年度金质勋章，第二名获得年度银质勋章，第三名获得年度铜质勋章，另外每朵红花都配套一定的积分，既可以在年底绩效考评时折算为考核分数，也可以在内部服务体系中购买相应的产品和服务。

"提名奖"是该物业服务公司为了满足项目拓展的需求、不断发掘优秀的青年人才而专门设计的内部认可机制。每年度每位高管和管理者可以向公司人力资源部提名 5 名优秀员工进入潜在后备干部池，由公司人力资源部根据提名情况，挑选 5 名得票数最高的优秀青年员工进入新一轮的后备干部培养计划，并配套相应的导师制、轮岗制、行动学习、课程学习等方式。"小红花"和"提名奖"为该物业服务公司的员工评价体系增加了趣味性，同时也激发了员工的参与热情，逐渐在集团内部推广开来。

（二）客户评价前移：贴标签、点赞、打赏

管理者还可以采取客户评价前移的方式来开展认可激励，具体包括贴标签、点赞、打赏等多种模式。

1. 贴标签

贴标签是指通过"判定性"词语针对某人或某物进行评价的一种方式。给自己贴标签或被他人贴标签能激励自我、强化行为，产生类似心理暗示和社会期望的功能，引导人们朝自己或他人预期或相反的方向努力。当一个人被贴上标签时，其会进行自我印象管理，使自身的行为与标签的内容保持一

致。这种现象是由标签引起的，所以称为"标签效应"。

美国的心理学家贝科尔认为："人们一旦被贴上某种标签，就会成为标签所标定的人。"第二次世界大战期间，美国心理学家在一群行为恶劣、纪律松弛、不服从命令的新入伍士兵中做了如下实验，即要求他们每人每月给家人写一封信，讲述自己是如何遵守纪律、服从命令、勇敢杀敌、立功受奖的。半年后，这些士兵发生了巨大的变化，他们真的像信中说的那样努力了。

2. 点赞

"点赞"是一个网络词汇，该网络词语来源于网络社区的"赞"功能。送出和收获的赞的多少、赞的给予偏好等在某种程度能反映出一个人是怎样的人以及处于何种状态。"点赞"给网络社交带来了方便，迎合了人们表达情感的愿望。"点赞"是一种心理认同，被点赞者也会建立起自我认同，感受到被肯定和被认可。

3. 打赏

"打赏"是一种网络行为，也是一种即时认可和激励的方式。我国部分互联网产品开通了打赏功能，如果用户喜欢作者和主播发布的内容，会根据心情付出一笔不同金额的"小费"。打赏是互联网新兴的一种非强制性的认可和付费模式。现实中也出现打赏，比如餐厅、酒吧、景区等消费地带为服务员开通打赏付费渠道。

（三）双重认可：服务型员工认可新模式

在平凡的岗位上，员工的诉求其实很简单，成绩获得肯定、工资得到提高、职位得到升迁，这些都是鼓舞他们不断前进的动力。以打赏为例，在外部打赏的基础上，引入内部打赏机制。内部打赏有利于管理者对基层员工的正确行为进行即时认同,强化员工以"改善和提升"为目标的工作态度。打赏可以鼓励员工不断提高效率,如加快上菜速度等,同时也有助于员工实现新的业务目标,如销售储值卡、推广新菜品等。

概括地说,双重认可的意义在于以正向的方式激励员工,通过鼓励和肯定强化员工的有效行为。同时,"双重打赏"可以结合内部打赏和外部打赏,通过排名和授予徽章的方式,鼓励员工"比、学、赶、帮、超"。内部打赏人可以包括各级管理者,他们可以对当天或者一段时间内表现优秀的员工进行认可。利用 IT 系统,内部打赏人和员工都可以在移动终端看到打赏和评价记录。

内部打赏人在打赏的时候可以根据员工的不同表现选择不同的额度和标签以及进行自由评价,各层级管理者可通过手机、电脑等实时观察门店与员工的打赏状态。

总而言之,现在员工的需求已经不再是简单的工资、奖金、晋升,其更多的是要获得一种价值体验,获得一种认可和尊重。无论是内部客户评价还是外部客户评价,认可激励都可以极大地激发员工的工作潜能。对于员工而言,认可激励为其带来了正能量、成就感、最佳的工作感受、及时的评价与认可、企业与同事的关怀、个性化的奖品选择等;对于管理者而言,认可激励是更有效的激励方式,是先进的人才管理理念,能够给予员工及时的工作评价与反馈,在减轻管理者工作负担的同时,还可以提高员工的满意度。对于企业而言,通过构建良好的认可激励氛围和全面的激励系统,可以有效地提高人才利用效率,从而提高绩效产出。

第四节　荣誉体系是基于价值观的认可新模式

一、关于荣誉体系的理论假设

（一）精神激励比物质激励更持久

随着"互联网+"、信息时代、数字经济的崛起，外部技术环境和社会思潮发生了变化。当然，企业发展的核心要素也发生了变化，人才逐渐成为价值创造的主体和源泉。组织和个人之间的核心关系其实就是价值创造、价值评定、价值分配，其在当下的企业运行过程中成为人力资源管理体系的基石。从某种意义上讲，激发员工的积极性和主动性、提高员工的工作效率能够提升企业的生产效率，因此，激励理论成为组织管理理论的核心。

从经济学角度来看，激励理论的出发点是"经济人"假设，经济学视角下的组织管理制度的目的是设计一种维护委托人利益的企业制度，避免代理人发生"反向选择"和"道德风险"的行为，使代理人与委托人的效用函数一致，在这种理念指导下的企业，其激励制度多侧重于物质激励和外在激励。新古典经济学视企业为"黑箱"，探讨在外部的既定约束条件下企业如何有效整合稀缺资源以实现预期收益最大化，缺乏对企业内部如何激发员工积极性以实现企业目标的研究。

管理者发现，员工最重视的是工作中的激励因素，物质利益是相对次要的因素。本身具有挑战性的、有成就感的工作，社会的认可，以及职务上的责任感和职业得到发展等因素的满足，能够极大地调动员工的积极性。

（二）文化影响也是激励的重要手段

文化作为一种思维习惯和行为习惯，在劳动分工、市场协同、组织协同等过程中会产生积极或消极的影响。任何有利于促进劳动分工、市场协同、组织协同的习惯都会促进团队绩效的提升。相反，凡是阻碍劳动分工、市场协同和组织协同的习惯都会阻碍团队绩效的提升。华夏基石认为，企业文化是企业中特殊做事方法背后的价值观和信念。价值信仰的核心是企业家和管理团队关于企业如何持续发展的系统思考。企业文化是在企业工作过程中形成的一种普遍的行为方式和价值观，企业内部各项决策的制定与执行、企业的内部关系、企业的对外形象、企业所提供的产品和服务特色以及企业的竞争力，都受企业文化的影响，文化是影响企业长期竞争力和绩效的因素之一。

企业文化是一种信念，让员工有激情、有追求，能够激发员工的潜能与创新能力。企业的使命追求让员工努力工作，有奉献精神。企业文化是一种立场，一种理性的力量，一种判断对错的标准和价值立场，让员工有理性、有原则、有底线、能坚持；让每位员工都知道公司提倡什么、反对什么。文化是处理内外矛盾关系的判断标准与准则，让员工对公司制度与规则有敬畏感，使员工做事执着但不犯糊涂，让员工心中有一根判断是非的标杆。

企业文化是一种共识，是一种凝聚力，有利于统一员工思想、建立共同语言，从而形成企业凝聚力。企业文化是员工通过深入讨论达成的共识，这种共识使员工目标追求一致，从而形成企业的凝聚力。企业文化使企业上下建立共同的语言传递系统，横向打破部门壁垒，畅通信息，加强协同，贯彻全员客户理念，构建内部客户关系。

企业文化是企业在成长和发展过程中长期累积形成的独特的核心价值观。企业文化必须传承和创新，企业文化的建设过程既是优秀文化的传承过程，也是糟粕文化的清洗过程，是一个不断变化和创新的过程。企业文化是一种心理契约，有利于实现员工的自我管理和提高员工的自律能力。企业文化使员工有良知，做人正直，对员工产生软约束或内部约束。

（三）榜样的力量是无穷的

如果说价值观是文化的灵魂，那么英雄就是价值观的化身，是企业价值观中最生动、最真实、最具影响力的体现之一。所谓英雄人物，就是企业里常说的榜样和标兵。榜样和标兵的作用在于突破和示范。"榜样的力量是无穷的。"若想让员工更好地理解企业的文化理念，在行为上取得关键性的突破，并逐渐形成使大家广泛模仿的经验，树立文化英雄形象非常重要。这些树立起来的标杆和典范，既可以作为外部的形象认知，同时也可以帮助员工明确工作标准和角色标准，通过平凡的事迹激励员工在平凡的岗位上创造不平凡的贡献。根据英雄人物产生的方式可以将英雄人物划分为两类：一类是天生的企业英雄，也称为远见卓识的英雄；另一类是人为造就的企业英雄，也称为情景式英雄。远见卓识的英雄为企业的发展指明了前进的方向，影响是广泛的和理念层面的。情景式英雄则以他们在日常工作中的成功故事鼓舞着其他员工，起到示范作用。这类英雄的重要贡献不在于创办一家卓越的企业，而在于将企业家自身的价值观融入企业，对所在企业及社会产生了影响。

  情景式英雄是企业在特定时期发现并树立经营管理实践中的典型角色。情景式英雄作为日常工作成功的样板是用来鼓舞员工的，为他们提供针对性和具体性的指引。天生的企业英雄可遇不可求，因此如何打造情景式英雄是管理者需要系统思考的管理命题。荣誉体系的建立、荣誉激励的开展是打造情景式英雄的重要方式。荣誉激励是一种管理方式，主要以一定的形式或名义对员工的工作业绩、公司贡献、模范事迹等进行标记，并进行表扬和奖励等。荣誉激励属于正向激励，是精神与物质兼备的奖励。荣誉激励注重对全员的影响，强调全员性、公开性，而非针对个人的私下奖励行为。企业内部建立荣誉体系可以以企业战略和年度工作重点为导向，有针对性地设置奖项并进行综合考核，同时荣誉体系也是企业文化价值观落地的重要载体。企业通过授予员工荣誉来产生内部榜样，通过组织获奖人员的经验交流会和宣讲会来弘扬正气、树立榜样，产生正向的感召力。同时，企业也可以通过团队荣誉奖项的设置来激励员工为部门、为团体荣誉共同奋斗，增强各级员工的组织荣誉感和凝聚力。

二、荣誉体系：基于价值观的认可新模式

（一）荣誉体系是华为公司文化落地的重要载体

无论是价值观的力量，还是榜样的力量，其实都是文化的力量。如何利用文化来管理员工已经成为管理者关注的核心命题之一。本书认为，通过荣誉认可激励能够解决一些管理中的现实困惑。从人的动机来看，人人都有自我肯定、争取荣誉的需要，对一些工作业绩突出的代表性先进人物给予必要的精神奖励，是有效的精神激励方法。有时管理者一句真诚的赞扬也会产生意想不到的激励效果，可以使员工产生认可感和归属感，从而激发员工的工作激情。

华为公司以客户为中心，长期坚持艰苦奋斗，其"胜则举杯相庆，败则拼死相救"的团队精神影响了一代又一代的华为人。华为公司人力资源部下设荣誉部，负责华为公司荣誉体系的管理，主要有四项职责。①荣誉奖项的设置：设置公司级以及中心级的奖项。②荣誉评选流程与方法的监督：监督各部门荣誉评选的流程与方法。③荣誉奖项的颁发：奖品的实物统一型号、材质，荣誉宣传与典型报道的对象往往是普通的获奖员工。④荣誉审计：针对公司级获奖人员，进行资格审核。

华为公司的荣誉奖项包括"杰出贡献奖""金牌员工奖""金牌团队奖""天道酬勤奖""零起飞奖""明日之星奖""优秀家属奖"等。在华为公

司内部网站上有一个专栏，叫荣誉殿堂。华为公司会记录各种获奖信息和优秀事迹以供大家随时咨询和学习。华为公司的每一个奖项都有相应的设计目的和评选标准。"金牌员工奖"和"金牌团队奖"是华为公司授予员工的最高荣誉，它旨在奖励为公司持续商业成功做出杰出贡献的个人和团队，是公司授予员工的最高荣誉性奖励。"天道酬勤奖"设置的目的是激励长期在外面努力工作的员工。选拔标准包括在海外累计工作 10 年以上或在困难地区连续工作 6 年以上的员工，或担任过全球职务的外籍员工，以及在世界各地工作 10 年以上的员工。"蓝血十杰奖"是华为公司管理体系建设的最高荣誉奖，目的是表彰那些为华为公司管理体系建设做出历史性贡献的个人。忘记历史就没有未来，华为公司通过授予员工"蓝血十杰奖"的荣誉让更多的人铭记历史，并在"蓝血十杰奖"精神的鼓舞下，努力建立一个严格、有序而又简单的管理体系。"蓝血十杰奖"从本质上来说只是一种追认机制，它是对历史性贡献的肯定，尽管有些贡献在当期并没有得到认可，但是经过时间和历史的考验后，证明一些员工过去的工作确实为华为公司后来的发展做出了巨大贡献，最后通过"蓝血十杰奖"进行追认。

"明日之星奖"是为了营造一种人人争当英雄的文化氛围。有人的地方就有英雄，因此华为公司对"明日之星"的评选并不追求完美，并且主要针对那些刚入职不久的员工。只要他们身上表现出闪光点，只要他们的行为符合华为公司的价值观就可以参加民主评选，其覆盖率可以达到 80% 以上。此外，华为公司还设置了一些非常有特点的奖项，比如"英雄纪念章"等。

华为公司的荣誉奖项也有其独特的特点：①面多人广。华为公司的荣誉奖项众多，涉及从基层员工到管理人员各个层级。②物质激励与精神激励紧密结合。员工只要获得荣誉奖项，就会相应地得到一定的物质奖励，虽然物质奖励不多，但是物质奖励与精神奖励是紧密绑在一起的。

（二）"四位一体"的德邦荣誉驱动体系

德邦针对认知、目标、行为、激励"四位一体"设计了整套的荣誉管理体系。其中，认知主要是明确荣誉标准，标识化设定个人奋进的目标；目标主要利用荣誉考核来规范化个人行动的标准；行为是透明化识别企业认可的行为；激励则利用荣誉颁发的方式使员工清晰地认识自己想要成为的形象。

德邦在构建企业文化荣誉体系时，遵循了以下八项原则：①紧扣企业文化，广泛深入经营本部、事业部等各个部门；②既为效果颁奖，也为努力鼓掌；③强化宣传，表扬大张旗鼓，惩戒以私下进行为主；④因人设奖、因事设奖，重点"瞄准"有潜力的员工；⑤增加类别奖，鼓励同类获奖者形成长期活动小组，以滚雪球的方式影响更多员工，先进带后进，拉动大家共同进步；⑥适当加大荣誉奖励数量，让更多人获得激励，荣誉称号要新颖、独特、有针对性；⑦建立荣誉推荐制，鼓励从下往上推荐荣誉获得者，让"欣赏"和"肯定"成为一种习惯；⑧日常积累，及时激励。

在以上八项原则的指导下，德邦设置了基于价值理念的荣誉奖励体系。荣誉评选流程设置如下：①设置自下而上的推荐评选机制。以部门或经营本部为单位，自下而上推荐荣誉员工，使被推荐员工具备合作共赢意识和感恩意识，培养推荐员工的肯定意识和欣赏意识。②设置公司总部荣誉评选小组，负责评选工作及相关标准的最终确定和执行。③核实荣誉奖项。由部门推荐，部门负责人裁定，上报公司总部荣誉评选小组复核评定。④设置年度荣誉奖项。设置上级意见加权评价，例如，给部门经理或事业部高级总监的打分加权50%。同时，明确初审、复审、终审环节的内容及相关人员和职责。在评选出荣誉榜样后，还要选择荣誉奖励颁发的时机和场合。事业部级奖项颁发方式如下：①在事业部或部门全员大会上举行。②根据需要随时颁发。③奖项由事业部或部门负责人出席并亲自颁发。④事业部高级总监和获奖人员合影，并将照片悬挂在营业部或中心荣誉长廊内。经营本部级奖项颁发方式如下：①在某经营本部或部门全员大会上举行。②半年度颁发一次。③经营本部级奖项由经营本部副总裁亲自颁发。④经营本部副总裁和获奖人员合影，并将照片悬挂在营业部或中心荣誉长廊内。公司总部级奖项颁发方式如下：①在年终总结大会上举行。②总裁及分管副总裁出席并亲自颁发。③每年颁发一次。④总裁级人员与获奖人员合影，并将照片在公司总部荣誉室存档。⑤获奖的部分个人可获取和总裁共同进餐的机会，以沟通思想和工作。

德邦针对不同类别的奖项，采取差异化的荣誉宣传方式。同时，德邦还配套"荣誉之星"宣讲会等方式，以不断提高榜样的影响。德邦为更好地完善荣誉管理体系，构建了相应的荣誉审计体系，以落实德邦"激情进取、成就客户、追求卓越、团队协作、诚实守信"的核心价值理念。

第五章

新时代背景下青年科技人才
评价体系构建

第一节 青年科技人才的评价分析

大器晚成的人才在起跑线上往往不占优势，而是靠后天的努力获得成功。顶尖人才是不可替代的，重大科技项目及其产业化的成败关键在于顶尖人才的选拔和使用。人才评价标准对个性化思维走向有很强的诱导作用，不宜采用一种固化的标准或模式对不同类型的人才进行评价。人才的评价应按其内在的标准来划分层次：一流人才创造知识；二流人才裂变知识；三流人才传承知识。用知识型人才标准衡量创造型人才是人才评价标准的误用或错位，用标准答案来评价人才则更为荒谬。例如，学历型人才与创新型人才在知识区是交叉的，由此形成重合区；两者在创新区是分叉的，形成非交叉区。

人才的评价是分层次的，包含原创人才、应用人才、一般人才等。创新思维能力的大小与强弱是衡量或评价人才质量的主要指标，也是人才区别于一般人的本质所在。现实中，人才评价欠缺科学的界定和可操作性，存在较多的缺陷。主要表现在：一是人才界定的某些定性评价方法具有较大的随意性；二是人才评价具有滞后性，由于长期得不到相应的认定，使个体自我价值的实现与社会功利性评价（或社会定位）之间形成尴尬对峙；三是人才评价具有机遇性，如政策文件界定的结果使某些个体在学术成果、业绩（政绩）评价标准之外的因素作用下，丧失了内在的、实质性的公平竞争条件；四是人才评价的平庸化，一些评价标准过分强调知识的记忆功能，忽略了对创新才能的评价。

一、科技人才评价

（一）青年科技人才的评价指标

科技人才评价，也称为科技人才的考核，在科技管理中占有重要的地位。科技人才是科技活动诸多要素中较为活跃的因素，科技人才的开发包含三个基本环节：人才的选拔、使用和考核。

选拔和考核科技人才需要全面而辩证地从德、识、才、学四个方面考虑。有些人学问渊博，但少才识，可能终生埋头于书海之中，到头来却一无所获。贾谊才学虽高，但不善于因势利导，苏轼在《贾谊论》中感叹："贾生志大而量小，才有余而识不足也。"无数的历史事实说明评价一个人要从德、识、才、学全面考虑。

选拔人才时要问"他现在能做些什么"，要因时、因事、因人用之。考核的时候要问"他现在做了哪些贡献"，而不是考虑他久远以前的功绩。在用人时，要疑人不用，用人不疑，使其在其位、谋其政、行其权、尽其责、取其值，获其荣，然后才能惩其误。

科技人才选拔和考核的内容及方法往往有其自己的特点。体力劳动的成果易于量化，可以计时或计件，而脑力劳动却不然。国外有的研究所以六项指标进行定量考核，满分为100分，每月对科研人员考核，每半年汇总一次考核结果，该研究对开发人员和研究人员考核的侧重面不同，对于开发人员来说，更看重他们的知识、工作态度和指导管理能力；对于研究人员来说，主要考虑其创造能力、计划能力、知识和决策能力。不同类型的科研需要不同类型的人才；不同类型的人才，其考核指标和方法不同。

考核的指标在评定时如果不细化，可能不同的专家或管理者打分会有较大的差别。E.劳德塞（1982）[①]提出考核工程师业务能力的8项尺度，每项尺度又分7个等级，可由有关专家和管理者对工程师进行评级，也可由工程师自己进行评价，以提高其工作效率。各项尺度具体如下：

第一项尺度——工作的质量。一等，突出表现了技术上的准确性和全面性。二等，技术上的准确性和综合性高于平均水平；错误很少见，几乎不需要领导和同事的严格审阅。三等，肯定高于平均水平，具有令人满意的精确性和彻底性。四等，工作质量处于平均水平，技术失误不算太严重。五等，与一般人相比，其工作有更多的错误。六等，粗心大意，不愿工作，没有上进心，时常犯错，偶尔错误严重。七等，低于最起码的水平，工作错误多，而且肤浅，由于错误多而经常要复核。

第二项尺度——工作的数量。一等，完成工作量迅速且有效，并能努力解决难题。二等，完成的工作量超过平均水平，并能经常提前完成任务。三等，完成的工作量略高出平均水平，经常按期完成，偶尔提前完成。四等，工作踏实，经常及时完成任务。五等，工作量略低于平均水平，偶尔脱期且须加督促。六等，仅能完成任务，按期和延期次数大致相当。七等，工作量低于起码水平，工作慢而浪费时间，很少按时完成任务，应调换工作。

第三项尺度——创造性。一等，经常提出解决问题的巧妙方法，被认为是部门中最具有创造力的人。二等，用开创性的方法来解决问题，提出很多好的想法并被其他部门采纳。三等，经常提出疑难问题，思考各种解决方法，

---

① E.劳德塞.秦锡文译.衡量工程师业务能力的八项尺度［J］.兵工情报工作，1982（4）：40-41.

偶尔提出富有想象力的建议。四等，能发挥别人的见解，但自己提不出新见解，有时提出的新建议可改进工作。五等，经常向同事请教，并依靠别人的建议。六等，很少提出新见解，且习惯于一般的、老一套的工作方法。七等，习惯于老一套的工作方法，甚至在工作方法很明显不适用时也不想改进。

第四项尺度——首创性和独立性。一等，是自发的工作者，有很好的见解并自己付诸实现，提出倡议，进行规划并实现。二等，时常提出一些倡议，自己解决困难和克服障碍，不依赖于领导和同事。三等，自愿接受任务，有足够的能力在没有他人帮助的情况下克服大多数困难。四等，需要适度的监督，不需要过分依赖他人来克服困难。五等，不是一个自发的工作者，有中等程度的工作能力，但要经常检查督促。六等，依靠领导和同事，需要有明确的指示才能工作，需要监督和催促。七等，从工作开始就离不开别人的帮助和监督。

第五项尺度——工作态度。一等，对工作有浓厚的兴趣，以能够完成高质量的工作为乐，业余时间也经常思考工作。二等，工作是生活的重要组成部分，很自然地接受额外的工作。三等，热爱工作，对偶尔的额外工作不会抱怨。四等，对工作兴趣中等，工作不主动。五等，对工作有适当的兴趣，但躲避任务和责任。六等，对工作兴趣少，需督促才能开展工作。七等，唯一的兴趣是工资，敷衍了事。

第六项尺度——业务知识。一等，知识面广而且学得快，能有效地做很多重要工作。二等，对本职及相关工作有深入了解，也能较快适应环境和工作的变化。三等，对工作的理解在平均水平以上，对形势变化的适应能力良好。四等，对自己的工作及相关部分有一定的了解。五等，知识在中级以下，需要经常进行指导和教学。六等，知识狭窄，需要过多的指示和教导。七等，对自己工作了解非常有限，学习能力也差。

第七项尺度——和人相处的技巧。一等，善于配合和帮助他人，为大家所喜欢，是形成部门作风的主要力量。二等，待人和善，乐于助人，善于交朋友。三等，很愿意和别人合作。四等，是令人满意的合作者，和他在工作中接触的人喜欢他。五等，为大多数人喜欢，但只有与志趣相同者合作才能有效工作。六等，有一些人喜欢他，是单干工作者，不愿和人协作。七等，时常惹人生气，形成阻力，神经过敏，只能一个人工作。

第八项尺度——表达意见的技巧。一等，口述和笔述皆属优等，能够有效地为同事与领导汇报意见和情况。二等，能说善写，能够及时汇报。三等，善说，但写得不精练，能自觉汇报情况。四等，口述很好，但文字报告时常需领导做严密的审阅。五等，中等口才，写作相当费力，能被动地汇报情况。六等，口述和写作的技巧都较差。七等，口头和书面描述都很差，经常不注意向同事和领导汇报重要情况。

根据不同工作、不同项目进行加权处理，这是目前定量考核中较为流行的办法，即对不同考核指标进行加权的方法，这种加权的方法为国内许多研究者和管理者所采纳。

将评考人员分为两类，一类是单位考核委员会（由学术委员会、有关科室领导组成）的成员，另一类是选择有代表性的科技人员，得到一类表和二类表。在考核时，要求考核人有较高学术水平，办事公道，对被考核人有较全面的了解，考核人数不得少于20人。两类考核人员应在规定时间内独立按4分制填表（优秀的4分、良好的3分、合格的2分、不合格的1分）。每个人的考评分数按式（5-1）计算，并分别计算两类考评分数：

$$Y_i = \sum_{i=1}^{n} P_i A_i \qquad (5-1)$$

式（5-1）中，Y_i 为第 i 个人的实际分数；P_i 为第 i 项考核内容权数；A_i 为考核人对第 i 项的评分值；n 为考核的项目数。对两类不同人员的评分分别进行算数平均处理，得出两类人员评分的平均值，再加权（0.7 或 0.3）处理，分别得出两类实际得分，相加得最后评分，调查结果汇总示例如表 5-1 所示。

表 5-1　调查结果汇总示例

编号 姓名	一类表		二类表		最终的实际分数
	0.7		0.3		
	评分平均值	实际得分	评分平均值	实际得分	
1					
2					
……					

每年考核一次，考核前通知被考核人，可准备一份简要材料供考核使用。考核的目的是对每个人的劳动给予公平、合理的评价，充分发挥每个人对集体的贡献热情，调动他们的积极性。由于科技人才的劳动特点，对科技人才的考核是一项有待深入研究的问题，远比体力劳动的考核复杂。如果说体力劳动是以量的累积为主，而科技劳动则以质的考核为重，前者多从外在考虑，后者多从内涵考虑，体力劳动者的考核有很多比较成功的方法，而脑力劳动者的考核还在探索中，尤其是其量化考核相当复杂，寻找统一的办法或数学模式是较困难的。

（二）青年科技人才的特征分析

与其他专业人才相比，科技人才特别是青年科技人才，作为科技创新的主体，具有许多特殊性，本书从青年科技人才的人格特征和职业特征两个方面进行分析。

1. 青年科技人才的人格特征

第一，具有强烈的创新意识。王广民、林泽炎（2008）对 84 名创新型青年科技人才进行了实证分析，表明我国青年科技人才具有强烈的创新意识、敢于创新的勇气、善于创新的能力。[①]

第二，具有突出的创新能力。作为科技创新的主体，科技人才的本质特征是具备组织发展所需的创新能力和知识。尤其是青年人才，具有突出的创造潜力和创造精神。青年人才难以满足于简单的重复性任务，渴望在多变、不完整的系统中发挥个人的才能和灵感，挑战具有创造性的任务，力求完美。

第三，学习能力强。青年科技人才学习能力强，追求进步，热爱学习。学习能力是青年科技人才最为宝贵的财富和不竭的动力源泉。他们头脑灵活，发现和接受新知识的速度很快，而科研工作本身的性质也要求青年科技人才具有很强的学习能力和创新能力，要求他们能从科技创新活动入手，快速掌握所需的知识，并在科技研究实践中消化、吸收和应用。

第四，富有探索精神和挑战意识。优秀的青年科技人才充满创新精神和活力，尊重知识，崇尚真理，不会随波逐流，更不会趋炎附势。青年科技人才好奇心强，不易受现有学术思想束缚，敢于尝试，敢于试错，勇于挑战。

---

① 王广民，林泽炎.创新型科技人才的典型特质及培育政策建议——基于84名创新型科技人才的实证分析［J］.科技进步与对策，2008（7）：186-189.

2. 青年科技人才的职业特征

青年科技人才除了上述个人特点之外，在其从事的专业活动中也具有一定的特点。

第一，大部分工作都是团队合作的形式。现代科学研究中的每一项活动都是一项复杂的系统工程，没有各种专业知识的综合应用和众多专家的团结协作是难以完成的。知识的高度专业化决定了青年科技人才无法独立完成一项复杂、系统的工作，而必须组成有效的团队，运用集体智慧进行工作。

第二，工作过程的不确定性。青年科技人才所从事的工作主要是思维性活动，其目标是突破原有的知识结构，发现新的科学规律，这本身就是一种不确定的实践。他们从事的是复杂的脑力劳动而不是简单的体力劳动，其劳动过程往往是无形的，没有既定的流程和步骤，也没有固定的工作规则。此外，脑力劳动的自发性很强，可能发生在每时每刻和任何场所，因此很难对其工作过程进行预测、监督或控制。

第三，创新活动呈现年龄规律。白春礼（2007）认为，31~35 岁是科技人才最为活跃的阶段，36~40 岁是科技人才研究取得成果的阶段，41~45 岁是科技人才成为科技骨干的阶段。[①]这一特征为本书选取青年科技人才评价指标要素提供了可靠的依据。

第四，工作成果很难衡量。青年科技人才的工作成果往往以思想创新、技术发明、管理创新等形式出现，成果转化过程复杂，往往无法衡量。而且知识创新和科研成果往往是团队合作的结果，因此，对青年科技人才个人业绩的衡量与评价十分困难。

---

① 白春礼.杰出科技人才的成长历程：中国科学院科技人才成长规律研究［M］.北京：科学出版社，2008.

第五,工作具有创新性。科学研究是一种探索性强、创造性高、思维活跃的智力劳动,需要充分发挥科研人员的创造精神和创新能力。青年科技人才依靠自身的专业知识发挥创造性思维和进行科学实践,并不断形成新的知识成果。随着现代科学技术的快速发展,学科细化程度日益加强,新兴学科层出不穷,青年科技人才在进行创造性和创新性的工作中也面临着巨大的机遇和挑战,这就要求青年科技人才具有更强的创造能力。

二、青年科技人才评价的方法分析

从评价内容来看,对青年科技人才的评价可以分为工作评价与自身评价;从评价对象来看,可以将其分为集体评价与个体评价。本书主要研究青年科技人才的个体评价,着重从其自身内在素质和工作绩效两个方面对青年科技人才进行评价。

青年科技人才的评价方法包括定性方法、定量方法及定性与定量相结合的方法。每种类型的评估方法都有各自的优缺点,定性方法包括同行评议法等,虽然方便,但个人的主观因素影响较大,所以可信度较低;定量方法包括科学计量法等,虽然结果一目了然,易于分析,但统计过程和计算复杂。因此,单一的评价方法无法准确地反映科技人才的评价结果,最常用的方法一般是定性与定量相结合的方法,如综合评价法等,通过运用数学理论的概念和方法,对定性指标进行定量化处理,更加科学合理,方便实际操作。①

从青年科技人才的专业特点来看,由于青年科技人才工作过程中的不确

① 郝海,踪家峰.系统分析与评价方法［M］.北京:经济科学出版社,2007:33.

定性、工作团队的合作形式多样化、成果的衡量具有难度等特点，很难对青年科技人才的工作进行评价。因此，在对青年科技人才的工作业绩进行评价时，单纯采用定性或定量的评价方法是不够的，需要采取定性和定量相结合的综合评价法。同时，在评价指标体系的建立上，要根据青年科技人才的特点进行设计。从青年科技人才自身的行为特征来看，青年科技人才正处于成长期，由于受知识积累不足、资历较低、影响力和知名度不够等原因的影响，青年科技人才难以获得相应的科技资源和独立承担项目与课题的机会，这在一定程度上抑制了青年科技人才的科研成果转化。所以，在评价青年科技人才的过程中，方法的选择或指标的设计应着重考察其科研潜力、创新能力、学习能力、探索精神和挑战意识等因素，不应过多强调科研成果和论文的数量。在评价一些具有特殊专长和特殊贡献的青年科技人员时，要敢于打破对学历、论文数量等的限制。

第二节　我国青年科技人才
评价体系中的问题分析

当前，全球科技发展已经渗透到所有行业领域，科技创新进入大众创新的时代。人才是国之根本，这就要求青年要肩负起重任，成为自主创新的中流砥柱。在青年科技人才的培养和使用中，建立科学的人才评价机制对于树立正确用人导向、激励人才发展、调动人才创新潜能具有重要作用。

一、青年科技人才评价体系存在的问题

（一）"分类评价"有待进一步落实

进一步落实《关于分类推进人才评价机制改革的指导意见》，在职称晋升、项目评审、绩效考核中，更全面、准确地评价青年人才和科研成果的科学价值、技术价值、经济价值、社会价值、文化价值。

（二）地域劣势、学科弱势影响明显

一些中部地区和西部地区的城市虽然有倾斜政策，但当地青年科技工作者的机会仍较少，还存在项目评审、人才评价的区域差别，还有一些转化应

用较少的基础学科和专业门类较窄的学科很难在项目申请、成果评价中获得话语权。

（三）客观上存在"优势累积效应"

由于人才过于集中，已经成名的科学家地位和荣誉不断强化，少数学术权威的专家学者在人才评价中具有决定性地位，容易使青年科技人才的贡献包括其发表的一些原创性观点得不到权威的认可而被淹没。

（四）青年科技人才"大龄化"趋势较严重

现有的青年基金项目评审中，部分评审标准强调科研成果的社会认同，使科技人员创造峰值年龄相应增长，入选者呈现明显的"大龄化"趋势。这易在人才评价中产生"等年龄、熬资历"等负面影响，不利于激励青年科技人才尽早脱颖而出。

（五）亟待建立科研诚信评价指标体系

目前对科技人员学术道德、科研诚信的评价研究较少，往往是以"有"或"无"来进行结果性评价，缺乏对道德操守的等级评价，缺乏对诚信情况的全过程管理，因此，建立科学可行的科研诚信评价指标体系刻不容缓。

二、青年科技人才评价体系的建设方案

让青年建功立业的舞台足够广阔、其愿望能够实现，是改革和完善青年

科技人才评价体系的最终目标。本书针对青年科技人才评价体系建设提出以下建议。

（一）人才评价从注重成果向突出创新能力转变

人才评价要充分考虑青年人科技创新的特点，不能过分强调对成果评价，应重点评价青年人才的创新能力和发展潜力，建立鼓励创新、宽容失败的容错机制，对于原始创新难度较大的基础学科，适当降低考核频率、延长评价周期。

（二）逐步缩小地域差别，体现学科差异

在重大奖项评审中，建议适当兼顾中部和西部地区的人才与紧缺学科人才，尽量降低地域经济发展差距对人才评价的影响。加大对基础学科、特色学科、新兴学科的扶持，充分尊重其在人才和机构评价、项目和成果评审中的话语权。

（三）同行评价中体现"国际声音"和"青年声音"

在评议专家的选择上，尽可能保证多样性，在高水平项目和成果的评价中，尽量体现"国际声音"和"青年声音"。国内专家与国外学者相结合，同时吸引青年人才参与。

（四）加大科研诚信的系统评价和动态管理

青年科技人才处于事业快速发展期，科研诚信评价应涵盖个人的科学精神、专业能力和资源条件等方面，应体现在项目申请、项目实施、成果评估

等科研活动的各环节中，并贯穿科技人才的职业生涯，同时建立惩戒制度，严控舞弊和学术不端行为。

（五）着力破除"四唯"，向多元化分类评价转变

大力推进人才分类评价，破除"唯论文、唯职称、唯学历、唯奖项"，坚持共通性与特殊性相结合、水平业绩与发展潜力相结合、定性评价与定量评价相结合，让从事基础研究、社会公益研究、应用研究、技术开发、科研辅助、科技管理的各类人才各尽其职、各展其才。

第三节 我国青年科技人才评价指标 体系的构建

一、指标体系建立的原则和思路

评价指标体系是衡量青年科技人才评分状况的工具，为了使这一衡量工具有效而可信，评价结果能够全面、客观、准确地反映青年科技人才的实际水平和发展趋势，力求做到理论与实践相结合、代表性与综合性相统一，保证指标含义准确。针对青年科技人才的特点，评价指标的选择应该遵循以下几项基本原则：

（1）针对性原则。指标体系的设计要牢牢把握青年科技人才的特质，着眼于如何客观、准确地反映青年科技人才素质特征，选择那些能够代表青年科技人才能力素质的指标建立指标体系，增强指标的针对性，有利于提高评价的科学性。

（2）系统性原则。系统性原则要求评价体系要以更少的指标、更少的层次来较全面系统地反映评价对象，统筹兼顾各方面的关系，由于同层次指标之间存在制约关系，在设计指标体系时应该兼顾各方面的指标。同时，评价体系也不是评价指标的简单堆砌，各层次的指标应相互独立、不重叠，并整合成一个完整的评价指标体系，对青年科技人才的整体水平进行评价。本书的青年科技人才指标体系是由智能素质、学术水平、业绩贡献、道德水平四个方面综合整合而成的，每个方面都通过相对独立的指标来体现，能够全面、完整、客观地反映关于青年科技人才的评价。

（3）实用性原则。实用性强度指标设计要简化、方法要简单。评价指标体系应简单适度，计算方法和评价方法应简单易行，在能基本保证评价结果的客观性和全面性的前提下，尽可能地简化指标体系，减少或剔除一些对评价结果影响不大的因素。各项评价指标及其相应的计算方法与各项数据都要标准化、规范化，并且要对数据的准确性和可靠性加以控制。

（4）数据可得性原则。评估所需的数据应易于收集，无论是定性评价指标还是定量评价指标，其信息来源渠道必须可靠，且易于获取信息。否则，评价工作难以进行或付出的代价太大。

（5）有效性原则。只有评价指标体系与所评价对象的理念和特征相一致，才能正确反映每一位青年科技人才的情况。这要求指标体系和指标权重的设计在理论上一定要有相应的科学依据，而且应当符合科技工作的规律，反映青年科技人才的实际，这样才可以进行评估和处理，从而做出正确的分析和判断。

（6）动态性原则。了解青年科技人才的评分状况是一个动态过程，随着相关因素的变化和发展，各评价因素的作用会增大或减小。人才环境存在不确定性，因此，其评价体系应遵循动态原则，如果发生重要的技术、社会、经济、法律或其他变化，人才评价体系也应随之做出调整。

根据上述指标体系建立的原则，本书认为在建立青年科技人才评价指标体系时，应遵循以下思路：首先，根据青年科技人才的个人特征，通过文献查找和访谈调研确立初步指标体系；其次，对已建立的初步评价指标体系进行专家咨询，采用德尔菲法对指标进行筛选和修正，最终建立指标评价体系；再次，使用层次分析法对指标体系进行权重的赋值和确定；最后，建立模糊综合评判模型，应用模型评判青年科技人才的评分情况。

二、指标体系建立的步骤

（一）指标采集

本书采用文献检索、访谈调研两种方法来采集相关指标，以构建一个更加全面、可操作的青年科技人才评价指标体系。

（1）文献检索方法采集指标。本书利用 CNKI 数据库、国家及各省份的行业报告、网站、书籍等资源，查阅国内外有关学术文献及资料，从而获取一些相关的指标。由于有些指标不明确、比较笼统以及存在含义重叠的情况，因此，本书从中进行分析和筛选，选择恰当的指标建立指标体系。

（2）在文献检索的基础上，通过咨询和实地调研，采访部分高校、科研院所和企业科技处负责人，根据他们提供的对青年科技人才的评价标准，又得到了一些评价指标，如研发创新能力、潜在能力、发展潜力和培养前途等。

（二）收集指标的统计与整理

首先，根据在访谈过程中对各个指标的提及情况，本书对以上通过文献检索和访谈收集两种方式所收集到的指标进行统计和整理。其次，对以上收集到的指标进行分类整理，分为智能素质方面的指标、业绩水平方面的指标、学术水平方面的指标、道德素质和心理素质方面的指标。再次，针对将青年科技人才评价指标分为以上四个部分是否合适这一问题，本书还挑选了几位对青年科技人才管理工作比较了解的专家进行了第二轮结构化访谈。在访谈过程中，专家们一致认为，对于处于成长阶段的青年科技人才，应重点关注其科研潜力，不应过多强调成果产出数量，而且对有特殊专长、特殊贡献人员的评价，应敢于打破学历、资历、职称、身份的限制。绝大多数专家都比较赞同从智能素质、业绩水平、学术水平、道德素质方面对青年科技人才进行评价，但提及对心理素质方面的评价时，大多数专家认为目前的条件和实施水平有限，设计青年科技人才心理素质评价的难度很大，缺乏可操作性，所以暂时不应该把心理素质作为评价指标。

根据以上确立的智能素质、业绩水平、学术水平、道德素质四个基本维度将已经归类的指标进行进一步的梳理，初步构建了青年科技人才评价指标体系，如表5-2所示。

表 5-2 初步建立的青年科技人才评价指标体系

指标	内容
智能素质	研发创新能力
	实验技术能力
	应用推广能力
	实际操作能力
	学习掌握新知识
	发展潜力（培养前途）
业绩水平	科研项目
	获奖成果专利
	论文专著收录
	学科专业建设
	研发基地建设

续表

指标	内容
业绩水平	学科研究
	学科建设
	技术推广应用
	指导研究生
	科技管理
	团队建设
	组织协调能力
	人际关系
	工作时效
学术水平	受教育程度
	学术地位
	学术造诣
	学术交流
	英语水平
	计算机水平
道德素质	职业道德
	团队精神
	爱岗敬业
	专研、奉献
	责任心、事业心
	思想政治表现
	遵纪守法
	组织纪律
	竞争意识

（三）指标的筛选与修改

本书采用德尔菲法对分类后的指标进行进一步筛选和修改。专家之间互不认识，他们采用匿名方式反复、多次征询意见，充分运用自己的知识、智慧和经验。采用德尔菲法可以避免集体讨论过程中存在的屈从权威或盲目服从等诸多问题。

1. 成立专家小组

依据所涉及的研究对象的特点，本书选取了具有一定的权威性和代表性的、对青年科技人才非常熟悉的30名专家组成专家小组，进行指标的选取和权重的确定，以尽可能地保证指标选择和权重确定的科学性。

2. 第一轮征询

本书设计了第一轮《青年科技人才评选指标调查问卷》，问卷中提示专家在提供的各一级指标下的二级指标中选择符合要求数量的二级指标，这样有利于使调查结果趋向于集中。第一轮征询共发出问卷30份，收回30份，有效问卷28份，再将各位专家的第一次判断意见汇总统计（见表5-3）。

表5-3　第一次指标收集统计

一级指标	二级指标	专家提及次数	频率
智能素质	研发创新能力	28	1.00
	实验技术能力	27	0.96
	应用推广能力	27	0.96
	实际操作能力	14	0.50
	学习掌握新知识	25	0.89
	发展潜力（培养前途）	23	0.82
业绩水平	科研项目	27	0.96
	获奖成果专利	26	0.93
	论文专著收录	26	0.93
	学科专业建设	18	0.64
	研发基地建设	16	0.57
	学科研究	15	0.54
	学科建设	22	0.79
	技术推广应用	9	0.32
	指导研究生	8	0.29
	科技管理	6	0.21
	团队建设	6	0.21
	组织协调能力	5	0.18
	人际关系	5	0.18
	工作时效	3	0.11

续表

一级指标	二级指标	专家提及次数	频率
学术水平	受教育程度	26	0.93
	学术地位	24	0.86
	学术造诣	22	0.79
	学术交流	13	0.46
	英语水平	5	0.18
	计算机水平	3	0.11
道德素质	职业道德	28	1.00
	团队精神	22	0.79
	爱岗敬业	20	0.71
	专研、奉献	18	0.64
	责任心、事业心	10	0.36
	思想政治表现	8	0.29
	遵纪守法	8	0.29
	组织纪律	7	0.25
	竞争意识	3	0.11

根据专家意见和问卷中指标的提及率，本书对指标体系进行了进一步的整合，把频率小于 0.20 的指标删除，最后得到了第一次修改后的指标体系，如表 5-4 所示。

表 5-4 第一次修改后的指标体系

一级指标	二级指标	三级指标
智能素质	创新和实践能力	研发创新能力
		实验技术能力
		应用推广能力
		实际操作能力
	潜在能力	学习掌握新知识
		发展潜力（培养前途）

续表

一级指标	二级指标	三级指标
业绩水平	学科研究	科研项目
		获奖成果专利或论文专著收录
	学科建设	学科专业建设
		研发基地建设
	技术推广应用	
	指导研究生	
	科技管理	
	团队建设	
学术水平	受教育程度	
	学术地位	
	学术造诣	
	学术交流	
道德素质	职业道德	团队精神
		爱岗敬业
		专研、奉献
		责任心、事业心
	思想政治表现	
	遵纪守法	
	组织纪律	

3. 第二轮征询意见

采用新的指标体系调整问卷，要求各位专家对每个二级指标的重要性进行排序。为使有效指标更加集中，本书每项指标分为五个等级，即"十分重要""比较重要""一般重要""不重要""很不重要"，分别记分值为 5、4、3、2、1。专家对每个指标进行评分，通过计算集中系数 e 来标识指标集中程度。

每项指标的取值范围是 1~5，当 e=0.3，则（5−1）×e=1.2，上四分位数、下四分位数的取值都在［1，5］内，它们的差为 1 表示允许，因此 e ≤ 0.3，即在专家咨询中，Q+−Q−<1.2，则认为专家的意见已经集中。问卷中归纳第

一轮专家的意见，让专家通过参考他人的不同意见来修改自己的意见和判断，使指标更趋集中和合理。

第二轮发出调查问卷 30 份，回收 30 份，有效问卷 28 份，汇总结果如表 5-5 所示。

表 5-5　第二次指标收集统计

一级指标	二级指标	三级指标	Mo（中位数）	Q-	Q+	Q+-Q-	是否<1.2	总分
智能素质	创新和实践能力	研发创新能力	5	5	5	0	√	4.78
		实验技术能力	5	5	5	0	√	4.89
		应用推广能力	4	4	5	0	√	4.33
		实际操作能力	4	4	4	3		4.08
	潜在能力	学习掌握新知识	4	4	5	0	√	4.11
		发展潜力（培养前途）	3.5	2	5	0	√	3.5
业绩水平	学科研究	科研项目	4	4	5	1	√	4.24
		获奖成果专利或论文专著收录	4	4	4	0	√	4.08
	学科建设	学科专业建设	5	5	5	0	√	4.72
		研发基地建设	4	4	5	1	√	4.24
	技术推广应用		3	2	4	2		3
	指导研究生		4	3	4	1	√	3.62
	科技管理		3	1	4	3		3
	团队建设		4	3	4	1	√	3.89
学术水平	受教育程度		5	5	5	0	√	4.67
	学术地位		5	5	5	0	√	4.76
	学术造诣		5	5	5	0	√	4.89
	学术交流		5	5	5	0	√	4.94

一级指标	二级指标	三级指标	Mo（中位数）	Q-	Q+	Q+-Q-	是否<1.2	总分
道德素质	职业道德	团队精神	4	3	4	1	√	3.83
		爱岗敬业	4	3	4	1	√	3.87
		专研、奉献	4	3	4	1	√	3.89
		责任心、事业心	4	4	4	0	√	4.06
	思想政治表现		4	4	5	1	√	4.24
	遵纪守法		4	3	4	1	√	3.65
	组织纪律		5	4	5	1	√	4.24

第二轮修订意见汇总统计得出，专家对调整过的本轮指标体系表示比较认同，意见的集中程度较第一轮有很大提升，有 22 个指标的上四分位数、下四分位数之差小于 1.2。其中还有 12 项指标的上四分位数、下四位分数之差等于 0。可见本轮调查意见比较统一，可以结束调查。

4. 指标体系的确定

在对专家意见进行综合处理后，为使指标简单明确、易于操作并且分类与分层科学、客观，本书在每一个一级指标下选择了集中程度高、专家平均分高的几项作为二级指标和三级指标，最终确定的指标体系如表 5-6 所示。

表 5-6   确定的指标体系

青年科技评价指体系	智能素质（B1）	创新和实践能力（C1）	研发创新能力（D1）
			实验技术能力（D2）
			应用推广能力（D3）
			实际操作能力（D4）
		潜在能力（C2）	学习掌握新知识（D5）
			发展潜力（培养前途）（D6）
	业绩水平（B2）	学科研究（C3）	科研项目（D7）
			获奖成果专利或论文专著收录（D8）
		学科建设（C4）	学科专业建设（D9）
			研发基地建设（D10）
		技术推广应用（C5）	
		指导研究生（C6）	
		科技管理（C7）	
		团队建设（C8）	
	学术水平（B3）	受教育程度（C9）	
		学术地位（C10）	
		学术造诣（C11）	
		学术交流（C12）	
	道德素质（B4）	职业道德（C13）	团队精神（D11）
			爱岗敬业（D12）
			专研、奉献（D13）
			责任心、事业心（D14）
		思想政治表现（C14）	
		遵纪守法（C15）	
		组织纪律（C16）	

三、指标含义的解释

根据指标体系中指标含义的明确性，由于部分指标含义明确，此处不再赘述，本书仅对部分指标进行简要说明。

研发创新能力（D1）：科研思路清晰，思维开阔敏捷，科技攻关能力与创新意识强，能提出新课题、解决新问题，产生新思路、新方法。

实验技术能力（D2）：具有精湛的实验技术与丰富的实验操作经验，动手能力强，能根据新的实验要求设计和研究新的实验方法，观察分析能力强。

应用推广能力（D3）：对科研成果应用转化能力强，精通技术，善于管理，敢于开拓市场。

发展潜力（培养前途）（D6）：基础扎实，有创新欲望和能力，有挑战意识，善于捕捉新知识和新信息，有发展潜力，未来能够成为行家。

科研项目（D7）：主持或参加国家自然（社会）科学基金项目，国际合作项目，国家高技术攻关项目、重点基金与重大项目，按进度高质量、高效率完成，一般按经费数额与本人所发挥的作用计算分值。

获奖成果专利或论文专著收录（D8）：负责或作为主要参与者，获得国家级、省部级等重大科研成果奖（含合同）及发明专利，效益显著。根据获奖级别与个人排名计分；或者在国内外权威学术刊物上发表高水平的论文、出版有影响力的专著与教材以及发表同行认同的高水平报告。根据数量、级别、本人名次计分。

学科专业建设（D9）：重视科研队伍建设，整体科研能力强，团结协作能力强，形成一支良好的科研攻关队伍。

研发基地建设（D10）：负责或领导研究生点及专业建设工作，在本领域具有明显的优势和特色，实验室设备先进，成绩突出，根据数量计分。

第六章

新时代背景下青年科技人才
激励与评价的未来发展

第一节　加强共享心智模式在高层次人才引进及培养中的作用

一、建立青年科技人才的组织文化

（一）组织文化的定义

组织文化是培育和发展组织成员之间共同价值观、共同愿景与目标的有效途径。文化的影响力深远，文化会潜移默化地影响着个体或群体的心智模式和共享心智模式。在组织文化的各项功能发挥作用时，组织的共享心智模式也逐渐地走向成熟。组织文化将形成一种行为习惯，通过这种习惯将组织中有关任务或目标的知识与信息传递给团队成员，成员能够共享组织内外的环境，这就为构建一种成熟的共享心智模式奠定了基础。随着组织文化的变迁，共享心智模式的内容与结构也将随之调整。

（二）组织文化的建设

1. 组织文化的形成机制

企业文化往往是在特定的生产和运营条件下，为满足企业的生存与发展需求，最初是由一小部分人提倡并实施，经过长期的推广和规范化的管理而逐渐发展起来的。

（1）在特定的条件下，企业为了获得自身的发展而产生了企业文化。在生存与发展的背景下，企业的核心价值得以形成。例如，以客户为本的商业理念是在商业竞争中产生的。组织是一个有机体组成的社会，它需要生存和发展，但其在客观环境中也有一定的限制和障碍。这就需要组织有其自身的价值观念与行动方式。

（2）企业文化是坚持宣传、持续实践、标准化经营的产物。企业文化本质上就是通过新的理念和行动模式来克服原有的思维与行动模式，从而使新的理念和行动模式逐渐被社会大众所认同。通常情况下，企业的文化要经过逐步完善、定型和深化的过程。一种新的理念必须要在不断的实践中吸取经验，不断地补充、修正，逐步走向清晰与完善。由于企业的发展过程漫长，所以企业的企业文化通常是通过标准化经营来实现的。当组织领导人确定了新理念的正当性与必然性后，在进行宣传与教育的过程中，组织必须建立起与之相适应的行为准则与管理体系。在实际工作中，不断加强组织人员的思想教育，构建新的企业文化。

2. 组织文化建设模型

简单的组织文化建设的实施方案包括五个操作步骤：第一个步骤是组建一个类似于组织的文化研究小组，该小组对企业的文化进行研究，对企业的需求进行剖析，并分析其现存的问题，从而为企业进行重新定位。第二个步骤是对企业的产业特性、企业使命、企业愿景和战略进行剖析。第三个步骤是通过重新定位企业的文化，提炼出科学、简洁、准确的核心价值。第四个步骤是围绕企业的核心价值推广相关的文化典型案例，形成一种扩大企业核心价值的制度和战略，并采用特定的人事管理（任用、培训、激励、沟通）方式，将企业的核心价值注入员工心中，使员工的行为与企业的发展战略和目标相融合，从而建立起公司的经营体制。第五个步骤是基于以上工作，从企业的文化层次入手，解决企业的文化建设问题。

这个组织文化建设模型非常有效，主要原因在于：①它系统地思考了精神文化、制度文化和物质文化的建设，并且认识到精神文化是组织文化最核心的组成部分；②它并不仅仅围绕文化进行组织文化建设，还以系统观为指导，在组织文化建设、组织的战略设计、组织的人力资源管理策略三者之间建立了有机的联系，从而确保组织文化建设最终取得成功。

二、形成青年科技人才的沟通机制

（一）建立人才沟通机制的重要性

高层次人才之间的沟通与交互作用将有利于其共同发展，建立良好的人才沟通机制有助于高层次人才应付更加复杂的环境和完成更加高难度的任务。科学技术的不断发展和沟通工具的不断创新极大地方便了高层次人才之间的交流，降低了沟通的成本，通过利用微信、QQ、微博、Facebook 等社交软件代替传统的面对面的交流方式，促进了高层次人才之间的交流和合作，从而创造出更高的社会效益。建立高层次人才之间的沟通机制，有利于形成信息共享的交互平台，有助于针对工作中的问题进行及时讨论并形成良好的反馈机制。同时也可以运用新媒体和共享平台对碎片时间加以利用，将高层次人才的研究和工作成果及时对外公布，使更多的人能够享受到其成果带来的益处。

（二）搭建人才交流沟通的平台

建立高校、科研院所和公司之间的灵活的人力资源配置机制。具体做法包括：结合技术人员走进企业的实践，参照全国各地的科技特派员工作，结合企业的发展需要，特别是中小企业的需要，充分利用区域资源；选择具有科技理论知识、技术和工作经验的人员以及具有管理能力的专家、教授；由研究员、博士组成专家团队深入公司的科研前沿，参加公司的研究开发，帮助公司制定技术发展策略，充分利用招智中心在国际技术交流中的作用，促进国外人才来为公司提供服务，为企业引进具有世界眼光和先进技术的人才提供有利的环境。

搭建企业、政府与科技人才之间的信息沟通平台。具体做法包括：促进企业与科技人才之间的信息交流，定期举办人才和技术对接洽谈会，搭建双方沟通的桥梁；建立"政府—企业"的科技人才双向交流机制。

建立和完善高校、科研院所科技人员与企业的沟通机制。具体做法包括：在高校、科研机构设立企业创新人才客座研究员岗位，选派企业资深专家到高校或科研机构担任兼职教授或兼职研究员；引导高校或科研机构科技人才到企业兼职，对于在企业兼职并从事创新研究的科技人才，可以参照不同的政策标准，在评定职称、晋升职务时给予一定的优惠政策；对于引进的为企业提供服务的科技人才，应在其户籍、子女入学、住房等方面给予一定的政策支持，也可考虑由当地财政部门进行补贴，以保证这些转向企业的科技人才在企业工作期间的工资和福利不低于原有水平。

三、形成人才储备

高层次人才是社会发展的一种重要人力资源，需要建立统一的管理机制，还应当形成良好的社会环境，充分尊重高层次人才及其所做出的贡献，并且合理配置高层次人才这一重要人力资源，避免造成资源的浪费。这就需要在高层次人才的发展过程中建立和形成动态人才库，建立健全省、市、县级高层次人才资源信息库，最大范围地掌握高技能人才的完整信息，使企业、政府、培养机构实时、充分了解和掌握本地区有突出业绩的高层次人才的信息，针对高层次人才所处的不同阶段进行有计划的考察、培训和培养，做好高层次人才资源的开发和储备工作，并针对高层次人才的特点对其进行动态管理，及时调整培训、管理策略和方法。建立人才储备库是企业人力资源管理工作的重点，主要应做好以下三个方面的工作。

（一）做好关键岗位的继任规划

"二八法则"是指一个企业的 80% 利润是由 20% 的人创造的，一个组织 80% 的岗位中只有 20% 属于关键岗位。一个组织成败的关键在于其主要管理者或技术骨干人才的素质、能力和水平。抓住问题的关键才能解决问题。解决 20% 的关键岗位的继任规划可能会留下 80% 的人才。世界大型企业为了抢占一流的竞争者地位、保持长期超过竞争对手的优势，都非常重视关键岗位人才的继任规划，包括选拔规划、培养规划、使用规划，以及关键岗位所需要人才的观念和知识的现代化。国外成功企业的总经理、厂长普遍素质过硬，水平过硬。发达国家成功的大企业为留住优秀的人才，对关键岗位人才的挑选十分认真和严格，建立企业的人才库，然后从中选择优秀人才。

（二）建立广泛的人才储备库

组织要保证人力资源规划活动的成功，必须能够预测组织中潜在的人员过剩或人力不足，预测人力资源未来的流失率，减少组织在关键环节对外部招聘的依赖性。国外一些大型企业制订了人才储备库计划，即选择和培养一定的人才纳入"后备人才"行列。虽然这些职位不一定是主管、经理等关键职位，但只要纳入"后备人才"就可以让他们看到职业发展的前景，基本上没有人会在被列入"后备人才"后离开单位。建立人才库的目的在于，无论何时企业有工作需要，都可以在最快的时间从中寻找适合的人选。为了做到这一点，企业必须经常性地分析人才的需求情况，并通过一定的手段选择一些后备人才，而不应等到职位出现空缺之后再去考虑如何吸引和留住人才。

（三）不断扩大潜在人才储备库的库存

人才储备库也应该不断扩大和更新，随着市场环境的变化，企业应该不断扩大人才库的容量，从而加强企业的后备力量，具体可以从以下两个方面考虑：

首先，企业要充分利用互联网。互联网为人才提供了一个找工作的新平台。很多企业可以利用互联网来宣传自己以吸引高级人才，一是因为高级人才上网的机会比较多，对网络运用比较频繁和熟练；二是高级人才一般都拥有工作，如果他们不满于现状，可以通过网络进行求职以节约时间；三是高级人才一般也希望将来工作的企业的信息化程度比较高。实际上，一些人力资源网站为企业提供了一个庞大的人才资源数据库。人力资源部还可以搜索与自己所需类似的人才，查看有多少家企业在这个网站上发布职位，了解有多少个同行业对手在和自己竞争，然后确定可以用什么样的策略来留住需要的人才。如果搜索结果呈现的名单较长，企业就知道自己的规划应该怎么做，至少保证其给人才的薪酬具有竞争力。

其次，企业要充分开发人力资源库的源头。人才储备库是一种全新的人才管理服务模式，是一种实现人力资源合理配置的有效手段。该模式基于现代网络，以开放式管理、个性化满足为主要特点。凡是企业急需的技术型人才，工厂生产需要的技工人才，以及高新技术产业、支柱产业、新兴产业、重点工程急需的紧缺人才，都应该是人才储备库选才的重点。人才资源库通过利用网络优势，充分收集人才信息以及高校的毕业生资源，然后给予严格筛选、合理分类，为企业提供了大量的储备人才。

第二节　完善对高层次创新型
数字科技人才的培养体系

人才是数字创意产业发展的核心要素，面对数字创意产业巨大的市场需求，人才匮乏成为产业发展的巨大掣肘。高等院校作为人才培养的重要基地，如何培养数字创意产业所需要的复合型人才是当前高校教育、教学体制改革的重要内容之一。

一、人才培养体系存在的问题

（一）人才培养与产业实践存在脱节现象

针对数字创意产业的发展面临的人力资源短缺问题，我国部分大学设立了文化产业管理、网络与新媒体、数字媒体技术视觉传达设计等新兴专业，也在不断地对电视编导、广告学、动画等专业进行调整，以满足当今信息化时代的需求。然而，针对新设立的专业，目前部分院校的软件设施和硬件设施落后、师资力量不足、培养计划不够科学。由于实际训练的成效较低，造成了我国部分大学的数字化创新人才总量不足、素质不达标、院校的培训与实际工作脱节。以游戏产业为例，由于游戏产业发展迅速，技术更新快，部分高校相关专业的课程体系往往与产业最新需求脱节，部分高校教师缺乏实际游戏项目开发和运营经验，导致课堂教学内容过于偏重理论性知识，缺乏对学生实际操作能力的针对性训练。

数字创意产业是文化创意与信息技术融合的产物，其产业技术日新月异，商业模式的不断变化也给高校相对稳定的专业设置和长期培养方案带来了诸多挑战。高校的教学计划和技能培养应尽可能地与产业发展同步，以保证人才供需结构的平衡。目前存在的问题是，许多高校毕业生在学校学到了所需的专业技能，但所学技术不精，与企业实际需求脱节，企业需要进行技术培训。

（二）专业师资力量薄弱，对人才的创意能力培养不足

由于数字创意产业的相关专业包含了众多的新兴学科、交叉学科，使跨文学、艺术、设计、信息、数字技术等领域的复合型师资极其匮乏，能与行业实践相结合的师资短缺。科学的专业建设要求有一支具有广阔视野、深厚专业知识的学科领军人才队伍，有坚实专业根基的年轻骨干和富有创造性的年轻师资力量。然而，由于很多与数字化创新有关的学科尚未完全发展，有关专业的师资力量仍然十分薄弱。此外，数字创意产业是一个知识和智力密集型的行业，是一个以创意为灵魂的产业，创造性思维和能力是产业人才培养的核心目标之一。高质量的数字创意产品需要深厚的文化底蕴、高超的艺术表现力和高超的技术，最重要的是要有让人耳目一新的创新意境。但是，目前国内部分高校缺乏高端创意型教师，对学生创意能力的培养不足，教学水平有待提升。

二、完善人才协同培养体系

数字创意产业的人才培养涉及经济学、管理学、艺术学、文学、历史学、计算机科学与技术、电子科学与技术等多个学科，这对高校在相关专业的培养方案、课程设置、师资力量、实践环节、教法学法等方面提出了新的要求。高校是产业人才培养的核心阵地，要为数字创意产业发展提供符合企业实际需求的合格人才，要创新高校数字创意人才的协同培养机制。

（一）创新企业与高校的协同培养机制，实现教学与产业的无缝衔接

针对当前数字创意产业人才培养的困境，高校可以采取加强校企合作的方式，整合学校和企业的资源和优势，挖掘和利用专家资源与优质行业资源，加快学科建设，升级培养方案，改革教学方式，拓展实训平台，培养对产业发展实用的人才。具体合作模式包括以下几个方面：

（1）搭建校企教师合作平台。在师资结构方面，一方面，鼓励数字创意产业的从业人员到高校从事科研教学工作；另一方面，鼓励高校相关专业教师走出去，将理论运用于产业实践，将自身知识储备应用于产业实践。实现人才的双向流动可以搭建校企人员灵活流动的人才交流平台，建立校企互通的人才评价机制，搭建校企人才交流信息平台，运用优惠与补贴的政策鼓励高校和企业建立人才双向流动机制。例如，法国政府为促进文化创意产业的发展，除了综合性大学的传统文化产业专业之外，还设置了专门针对文化创意产业的时尚设计、出版、摄影、视听设备开发、编程、动漫制作等多个专

业，使这些专业技能可以得到跨行业、跨领域的权威认可，助推法国成为文化艺术大国。

（2）建立校企联合培养机制。建立高校和企业联合培养的体制基础，促进高校和企业之间在人才培养方案上的深度合作。培养计划由高校与企业根据教育部要求和市场需求共同制定。从招生、培养、培训、实习到课程设置、检验考核、选拔上岗等各个环节，进行深度合作，根据市场需求和变化调整人才培养方案，缩短人才培养和行业需求之间的距离，实现招生与就业、培养与培训、理论与实践的一体化培养目标。例如，可以鼓励教师、学生和企业员工一起完成企业项目，采用项目制教学、实战性实训、虚拟式运营、过程性评价等方式，灵活采用"学分银行"的方式对学生进行多元化考核，提升学生的专业知识运用能力，激发学生学习的内在动力，实现更好的实训效果，将学生培养成为专业能力、经营能力、管理能力、创新能力、实战能力全面发展的"一专多能"的高素质人才。

（3）搭建产学研融合平台。通过搭建产学研融合平台，高校可以利用企业的资金和技术，企业可以利用高校的研发资源，政府通过提升技术公共服务的水平，在减少中间环节和交易成本的情况下，促进数字创意产业关键技术的研发和成果转化，从而形成产、学、研三大领域最大的协同效应。

（二）创新高校之间的协同培养机制，实现资源共享与优势互补

加强跨学科、跨学校的协作，构建多学科、多元素、多内容的协同教学体系，培养文化技术复合型和创新型的数字创意产业人才（李凤亮、赵雪彤，2017），推动数字化创新产业建立"政产学研用"五位一体的人才培育体制。高校之间可以制订联合培养计划，成立校级工作组、联合工作组和专家工作组，协调联合培养中出现的问题，实现校际教师资源的优势互补，设置跨学科课程体系，并实施校际学分转换体制，开展丰富多样的实践活动，利用导师制引领学生学习和成长等，实现了学校之间优势资源互补和强强联合。

建立高校之间合作的体制，首先，在学生选择方面可以多样化，例如，艺术专业考试不仅要考察学生的艺术基础，还要兼顾考生的文学素养、创新思维、商业潜质等。其次，在人才的培育方面，可以将各高校的资源进行有效的融合，例如，三校合作项目，学生在大学一年级在 A 大学进行人文科学与美术基础课学习，大学二年级在 B 大学学习动画基本技能和专业知识，大学三年级在 C 大学学习专业动画技术及动漫行业的相关知识。再次，开展丰富多样的课外实践活动，如参加讲座、竞赛、进行企业考察、实习等，为培养学生的实际操作技能创造了一个广阔的舞台。最后，促进各专业领域的交叉与整合，拓宽师资队伍，促进课程改革、教学改革与学术改革。

参考文献

［1］管奇，黄红发，冯婉珊.激活人才：人力资源管理效能突破［M］.北京：中国铁道出版社，2020.

［2］李道永.所谓管理好，就是会激励：员工激励的 100 个关键问题［M］.北京：中国友谊出版公司，2018.

［3］刘姝.高校人才评价咨询服务的探索与实践［M］.北京：海洋出版社，2018.

［4］李亚东，朱伟文，张勤.创新高校督导评价监测提升人才培养质量——CIQA 成立大会暨经验交流会论文集［M］.上海：同济大学出版社，2020.

［5］牛萍.科技创业人才成长特征与培育实践［M］.北京：科学出版社，2021.

［6］彭珍.基于事实型数据挖掘的科技人才评价发现机制研究［M］.北京：科学技术文献出版社，2016.

［7］石磊，等.科技创新后备人才创造力研究［M］.北京：清华大学出版社，2021.

［8］苏永华.全面人才评价［M］.北京：经济日报出版社，2017.

［9］邢雷.高潜质人才的选拔与评价技术（HR 专业能力建设工程丛书）［M］.上海：复旦大学出版社，2018.

［10］张坤.股权激励：打造企业利益共同体［M］.北京：机械工业出版社，2017.

［11］张小峰.全面认可激励：数字时代的员工激励新模式［M］.上海：复旦大学出版社，2018.